Olesya Khromeychuk

# Ein Verlust:
# Die Geschichte eines gefallenen ukrainischen Soldaten, erzählt von seiner Schwester

# UKRAINIAN VOICES

Collected by Andreas Umland

25 *Vladislav Davidzon*
Jewish-Ukrainian Relations and the Birth of a Political Nation
Selected Writings 2013-2021
With a foreword by Bernard-Henri Lévy
ISBN 978-3-8382-1509-9

26 *Serhy Yekelchyk*
The Ukrainian Historical Profession in Independent Ukraine and the Diaspora
ISBN 978-3-8382-1695-9

27 *Ildi Eperjesi, Oleksandr Kachura*
Shreds of War
Fates from the Donbas Frontline 2014-2019
With a foreword by Olexiy Haran
ISBN 978-3-8382-1680-5

28 *Oleksandr Melnyk*
World War II as an Identity Project
Historicism, Legitimacy Contests, and the (Re-)Construction of Political Communities in Ukraine, 1939–1946
With a foreword by David R. Marples
ISBN 978-3-8382-1704-8

The book series "Ukrainian Voices" publishes English- and German-language monographs, edited volumes, document collections, and anthologies of articles authored and composed by Ukrainian politicians, intellectuals, activists, officials, researchers, and diplomats. The series' aim is to introduce Western and other audiences to Ukrainian explorations, deliberations and interpretations of historic and current, domestic, and international affairs. The purpose of these books is to make non-Ukrainian readers familiar with how some prominent Ukrainians approach, view and assess their country's development and position in the world. The series was founded, and the volumes are collected by Andreas Umland, Dr. phil. (FU Berlin), Ph. D. (Cambridge), Associate Professor of Politics at the Kyiv-Mohyla Academy and an Analyst in the Stockholm Centre for Eastern European Studies at the Swedish Institute of International Affairs.

Olesya Khromeychuk

# EIN VERLUST: DIE GESCHICHTE EINES GEFALLENEN UKRAINISCHEN SOLDATEN, ERZÄHLT VON SEINER SCHWESTER

ibidem
Verlag

**Bibliografische Information der Deutschen Nationalbibliothek**
Die Deutsche Nationalbibliothek verzeichnet diese Publikation in der Deutschen Nationalbibliografie; detaillierte bibliografische Daten sind im Internet über http://dnb.d-nb.de abrufbar.

Bibliographic information published by the Deutsche Nationalbibliothek
Die Deutsche Nationalbibliothek lists this publication in the Deutsche Nationalbibliografie; detailed bibliographic data are available in the Internet at http://dnb.d-nb.de.

Cover-Illustration: © copyright 2021 Hanna Strizh
Illustrationen auf den Seiten 35, 57, 93, 97, 112, 132 © copyright 2021 Hanna Strizh

Aus dem Englischen übersetzt von Lily Sophie.

ISBN-13: 978-3-8382-1770-3


Printed in the EU

Zum Gedenken an Wolodymyr Pawliw (1974-2017)

# Danksagungen

Es wäre mir lieber gewesen, ich hätte dieses Buch nicht schreiben müssen. Ich hätte lieber kein Thema gehabt, über das ich hätte schreiben können, ich hätte meinen Bruder lieber am Leben gehabt als mein Buch veröffentlicht. Aber da sich das Thema ergab, bin ich froh, dass ich meine Überlegungen zu Papier bringen konnte, nicht um sie in den Tiefen meiner Trauer zu versenken, sondern um meinen Kummer Zeile für Zeile zu lindern und dadurch mein schweres Herz ein wenig leichter zu machen. Allein hätte ich das nie geschafft.

Ich kann meiner Familie – meiner Mutter Olha, meinem Vater Yuriy und meinem Bruder Yura – gar nicht dankbar genug sein, dass sie mich nicht nur an diesen Geschichten teilhaben lassen, sondern mich auch aktiv dazu ermutigen, sie aufzuschreiben. Schließlich gehören diese Geschichten nicht mir allein; jeder von uns mag sie anders erzählen, aber sie sind ein gemeinsamer Familienbesitz. Ich danke meinem Lebensgefährten Uilleam Blacker, dass er in den dunkelsten Momenten meiner Trauer für mich da war, dass er sich jeden ersten Entwurf angehört und spätere Entwürfe dieses Textes aufmerksam und einfühlsam gelesen hat.

Die Schauspieler des Molodyi Teatr London, meine Theatertruppe – Lesja Liskewich, Lilija Romanishin, Irina Sandalowich, Uilleam Blacker, Olga Malchewska, Wolodymyr Glushak, Slavko Tsyhan und Fin Ross Russell – ermöglichten es mir, mein Trauma laut zu durchdenken, und schufen einen Raum, in dem ich aus meiner eigenen Geschichte heraustreten konnte, um sie mit etwas Abstand zu betrachten, wofür ich sehr dankbar bin. Sie schenkten mir auch ihre vertrauensvolle Freundschaft und ihren unerschütterlichen Sinn für Humor, selbst in Momenten, in denen Lachen unmöglich schien.

Ich bin gesegnet mit lieben Freunden, die ebenfalls Akademiker sind und die bereit waren, beim Lesen dieses Buches ihr Mitgefühl und ihr professionelles Urteil zu bekunden: Sasha Dovzhyk und Molly Flynn – vielen Dank! Eine Freundin, die diesen Krieg aus erster Hand erlebt hat – Maria Berlinska – gab mir das Selbstvertrauen, darüber zu sprechen, obwohl ich das Glück hatte, ihn nicht selbst erlebt zu haben. Den vielen anderen Freunden und Kollegen, die mir geduldig zuhörten, wenn ich über den Krieg im Allgemeinen und meinen eigenen Verlust im Besonderen sprach, werde ich für immer dankbar sein, dass sie mir ihre Zeit, ihre Unterstützung und ihre Ideen angeboten haben.

Ich bin gerührt von den Befürwortungen, die für dieses Buch geschrieben wurden. Cynthia Enloe ist meine Heldin, wenn es darum geht, einen sensiblen Umgang mit den Erfahrungen des Einzelnen mit politischer Gewalt zu finden. Ich bin gerührt, wie aufrichtig sich Anna Reid um das Wohl der Ukraine kümmert. Rory Finnin ist seit Beginn meiner akademischen Laufbahn mein Mentor, Kollege und Freund. Die Unterstützung durch diese Menschen bedeutet mir mehr, als ich in Worte fassen kann. Ich bin Andrej Kurkow sehr dankbar, dass er das Vorwort zu diesem Buch beigesteuert hat.

Die von Hanna Strizh so kreativ gestalteten Illustrationen sprechen nicht nur in meinem Namen, wo mir die Worte fehlen, sondern erinnern auch auf unheimliche Weise an die Zeichnungen meines Bruders. Ich kann mich glücklich schätzen, mit einer Künstlerin zusammengearbeitet zu haben, deren Talent ebenso groß ist wie ihre Sensibilität.

Drei der in diesem Band veröffentlichten Geschichten erschienen bereits in früheren Fassungen: „Army Boots“ wurde von *Krytyka* veröffentlicht, „A Ukrainian Obituary“ und „On the Edge of a European War, Who Gets to Defend the State“ wurden von *Open Democracy* veröffentlicht. Ich danke den Herausgebern Oleh Kotsyuba und Tom Rowley, dass sie mir den Mut gegeben haben, diese Texte Lesern nahezubringen. Andreas Umland danke ich für seine Bereitschaft, dieses Manuskript zu übernehmen und ans Licht der Welt zu bringen.

Vor allem möchte ich all jenen danken, die die Reise meines Bruders durch den Krieg ein wenig erträglicher, ein wenig menschlicher gemacht haben. Mein Dank gilt allen, die die Erinnerung an die durch diesen Krieg ausgelöschten Leben wachhalten.

# Einleitung zur deutschen Ausgabe

Dies ist ein europäischer Krieg, der im Osten der Ukraine begonnen hat. Das sagte mir mein Bruder, als er sich 2017 entschied, an die Front zurückzukehren. Kurz darauf wurde er im Kampf getötet.

Der Krieg Russlands gegen die Ukraine hat nicht am 24. Februar 2022 begonnen. Er begann im Jahr 2014 mit der Besetzung der Krim und von Teilen des Donbas. Der Grund, warum der Kreml ihn 2022 eskalieren konnte, war, dass Russland ungestraft gegen das Völkerrecht verstoßen und in einen souveränen Staat einmarschieren konnte. Die Welt reagierte mit wenig mehr als „tiefer Besorgnis" auf die Aggressions- und Terrorkampagnen, die Russland acht Jahre lang in der Ukraine durchführte. Wladimir Putin fühlte sich dadurch ermutigt, dass der Westen so weitermachte wie bisher, und die Einnahmen aus Öl und Gas finanzierten nicht nur die Fortsetzung des Krieges, sondern auch seine Eskalation bis hin zu einer umfassenden Invasion.

Nach dem 24. Februar 2022 beherrschte die Ukraine die Schlagzeilen in den Medien auf der ganzen Welt. In den englischsprachigen Medien wurde die Schreibweise der ukrainischen Städte endlich korrekt wiedergegeben, wodurch das Land zumindest symbolisch aus der Umarmung des russischen Imperiums befreit wurde. Andere Sprachen, darunter auch das Deutsche, taten sich schwerer damit, ihre Haltung zur Ukraine zu dekolonisieren, und so nannten die Reporter Kyjiw selbst dann noch Kiew, als es von den Russen bombardiert wurde, was dem Schaden noch zusätzlich Beleidigung hinzufügte. Manch einer mag diese Aufmerksamkeit für die Wahl der Buchstaben, mit denen die Städte geschrieben werden, für kleinlich halten. Aber das ist es nicht. Es ist nur eines von unzähligen Beispielen dafür, dass die ukrainische Stimme zugunsten der russischen Stimme unterdrückt wird.

Erst als Putin nachweislich anfing, sein Schlimmstes zu unternehmen, um die Ukraine als Staat zu zerstören, wurde die Welt auf das größte Land in Europa aufmerksam. Erst als die durch die russischen Bomben vertriebenen Ukrainer begannen, die Städte der EU zu überschwemmen, wurde der Welt klar, dass das Land, das sie für "klein" hielt, eine Bevölkerung von über 40 Millionen hat. Erst als die russischen Truppen begannen, Ukrainer in Kriegsverbrechen zu massakrieren, begann die Welt zu sehen, wie die „russische Welt“ wirklich aussah. Sie sah aus wie die Massengräber in Irpin und Bucha. Sie sah aus wie Mariupol, das durch russischen Beschuss dem Erdboden gleichgemacht wurde. Es bedurfte russischsprachiger Ukrainer, die sich mit nichts als blaugelben Fahnen vor russische Panzer stellten, damit die Welt verstand, dass Putins Lügen über die „geteilte Ukraine“ genau das waren - Lügen. Diese Lügen waren jahrelang von den Weltmedien verbreitet worden.

Jahrelang haben wir beim Gedenken an die Toten des Zweiten Weltkriegs auch "Nie wieder" gesagt. Aber was haben wir damit wirklich gemeint? Als mein Bruder getötet wurde, erinnerten sich die meisten Westeuropäer nicht einmal daran, dass im Osten Europas ein Krieg tobte. Stattdessen war die internationale Gemeinschaft mit der Zerstörung der russischen Opposition durch Putins Regime beschäftigt, während der Führer dieser Opposition die illegal besetzte Krim mit einem Sandwich verglich, das nicht hin- und hergereicht werden kann, und damit die Inbesitznahme ukrainischen Territoriums als einen zeitgenössischen „Anschluss“ akzeptierte. Vor allem die Deutschen konzentrierten sich auf ihre Schuld an Russlands Verlusten im Zweiten Weltkrieg und vergaßen dabei, dass "sowjetisch" nicht gleichbedeutend mit „russisch“ ist, und dass die Ukrainer während des Zweiten Weltkriegs unter der Besatzung durch die Nazis und die Sowjets zu leiden hatten.

Sieben Jahrzehnte nach dem Zweiten Weltkrieg, als die Souveränität der Ukraine erneut von einem irredentistischen Staat, Russland, verweigert wurde, wurde der Aggressor weiterhin als Verbündeter und Opfer des Zweiten Weltkriegs wahrgenommen, und die Welt drückte weiterhin ein Auge zu angesichts seiner Aggressionen, sowohl in der Vergangenheit als auch heute. Das „Nie wieder“ schien nicht zu gelten, wenn es darum ging, den Krieg in der Ukraine zu verhindern.

Jahrelang haben die Ukrainer darum gebeten, ernst genommen zu werden, nicht als ein Gebiet in Russlands Einflusssphäre (erinnern sie sich, was das letzte Mal geschah, als Europa in Einflusssphären aufgeteilt wurde?), nicht nur als ein weiterer Teil eines „postsowjetischen" Flecks (werden wir diese Region in drei Jahrzehnten immer noch als „postsowjetisch" bezeichnen?) Die Ukrainer wollten als das wahrgenommen werden, was sie waren: Bürger einer souveränen, demokratischen, europäischen Nation mit einer komplexen Geschichte, einer vielfältigen Identität, einer etwas chaotischen Politik, aber einer klaren Vision von der Zukunft, in der es sich lohnt, für die Freiheit, das eigene Schicksal zu wählen, zu kämpfen und zu sterben.

Mein Bruder fiel an der Front zu einer Zeit, als die Welt lieber auf die russische Propaganda hörte und nicht riskierte, für die Freiheit einer Nation irgendwo im "postsowjetischen" Raum auf wirtschaftliche Annehmlichkeiten zu verzichten. Er war einer von 14.000 Todesopfern, die von vielen Westeuropäern unbemerkt blieben. Ich habe dieses Buch im Jahr 2021 geschrieben, um das Trauma meines eigenen Verlustes zu verarbeiten. Ich habe es auch geschrieben, um das Privileg zu nutzen, das mir das Leben in Westeuropa gegeben hat, um die Welt daran zu erinnern, dass unsere Freiheit genauso zerbrechlich ist wie die unserer europäischen Mitbürger in der Ukraine. Wenn wir den Ukrainern nicht helfen, für ihre Freiheit zu kämpfen, werden wir früher oder später auch dafür kämpfen müssen.

Ich habe der Warnung meines Bruders im Jahr 2017, kurz bevor er im Donbas getötet wurde, nicht viel Beachtung geschenkt. Heute, inmitten von Russlands allumfassendem Krieg in der Ukraine, denke ich jeden Tag daran. Dies ist wahrhaftig ein europäischer Krieg, der zufällig in der Ostukraine begann.

18. April 2022

# Vorwort der Originalausgabe von 2021

Wann immer ich ein Buch über den aktuellen Krieg im Donbas lese, habe ich den seltsamen Eindruck, dass dieser Krieg vorbei ist. Diese Bücher versetzen den Leser in die Vergangenheit, auch wenn es erst gestern war. So ist es auch mit diesem Buch. Ich habe es gelesen, mitgefühlt, einige der Figuren und Situationen wiedererkannt, und eine schwere, schwermütige Ruhe legte sich auf meine Seele. Doch kaum hatte ich die Lektüre beendet, war es mit der Ruhe vorbei. Und ich kehrte zurück in die Realität, in der der Krieg noch immer andauert, in der er schon seit sieben Jahren andauert.

Der Krieg endete in diesem Buch nur für den Helden Wolodja, den Bruder der Autorin, Olesya Khromeychuk. Er starb an der Front. Er ist zu einer Ziffer der Militärstatistik geworden. Auch für seine Verwandten, Freunde und Waffenbrüder ist er zu einer geschätzten Erinnerung geworden, und er ist zu diesem Buch geworden, das nicht erschienen wäre, wenn er am Leben geblieben wäre.

Bei der Lektüre dieses Buches sollten Sie sich vor Augen halten, dass die Frontlinie dieses Krieges noch immer besteht und die ukrainischen Kämpfer entlang ihrer 434 Kilometer regelmäßig unter Artillerie- und Scharfschützenbeschuss von prorussischen Separatisten und ihren russischen Unterstützern in den abtrünnigen Gebieten des Donbas stehen. Die Munition für diese anhaltenden Angriffe kommt regelmäßig aus Russland, das auch versucht, die Rückkehr dieser Gebiete unmöglich zu machen, indem es den Bewohnern des Donbas russische Pässe aushändigt – über 600.000 sind es bereits.

Mit diesem Buch lädt die Autorin den Leser ein, den Weg zu gehen, den sie nach der Nachricht vom Tod ihres Bruders gehen musste. Dies ist eine sehr persönliche Geschichte, und ich kann mir vorstellen, dass es sehr schwierig war, sie zu schreiben. Aber Olesya Khromeychuk konnte nicht anders als dieses Buch zu verfassen, und es ist wichtig, dass die Menschen es lesen. Ihre Geschichte, die Geschichte ihrer Familie, spiegelt die Geschichte von

Zehntausenden von ukrainischen Familien wider. Sie spiegelt die Geschichte der modernen Ukraine mit ihren Problemen, Hoffnungen, Siegen und Verlusten wider. Heute, wo die Nachrichten über die Geschehnisse in der Ukraine in den europäischen Zeitungen immer weniger Beachtung finden, wird dieses Buch zu einer wichtigen Informationsquelle über den Krieg und, was vielleicht noch wichtiger ist, über die Auswirkungen des Krieges auf die einfachen Ukrainer. Es konzentriert sich nicht auf Zahlen und Daten, sondern auf die menschlichen Erfahrungen in einem Land, das sich in einem Kriegszustand befindet.

## Nachtrag April 2022

Nach dem 24. Februar 2022 hat das Buch von Olesya Khromeychuk eine neue Dimension erhalten. Jetzt ist es nicht mehr so sehr eine persönliche Geschichte, sondern die Geschichte eines Landes, das schwersten Angriffen ausgesetzt war. Auch dieses Mal wieder von Russland. Die neue Phase des russisch-ukrainischen Krieges rückt die Ereignisse der letzten 80 Jahre, einschließlich des Zweiten Weltkrieges, in die tiefere Geschichte. Obwohl die neue Aggression alle Anzeichen jenes Krieges des letzten Jahrhunderts mit den Massakern an Zivilisten und der Zerstörung von Städten und Dörfern aufweist. Ich wage nicht zu behaupten, dass dieses Buch heute aktueller ist als damals, als es geschrieben wurde. Vielleicht ist das nicht ganz richtig. Aber die Lektüre eines solchen Buches während aktiver Feindseligkeiten und damit während der Übersättigung des Informationsraums mit Krieg ist eine intellektuelle und emotionale Herausforderung, und sie ist nicht einfach. Umso dankbarer bin ich allen, die dieses Buch jetzt lesen werden, in einer Zeit, in der eines der größten Länder Europas um das Recht kämpft, Teil Europas und der Europäischen Union zu sein.

Andrej Kurkow

# Einführung

Wolodymyr Pawliw, mein Bruder, starb 2017 an der Front in der Ostukraine. Er diente fast zwei Jahre lang in den ukrainischen Streitkräften, bevor er in der Nähe von Popasna in der Region Luhansk durch Schrapnell getötet wurde. Er war 42 Jahre alt, als er starb.

Wolodja – so wurde er in unserer Familie immer genannt – war das älteste von drei Kindern. Ihm folgten Yura, das mittlere Kind, und ich, das Baby der Familie. Der Altersunterschied zwischen uns beiden betrug viereinhalb Jahre. Das bedeutete, dass Yura sowohl Wolodja als auch mir sehr nahestand, da er altersmäßig genau zwischen uns lag. Sowohl Yura als auch ich musizierten und spielten Theater, Wolodja interessierte sich für Kunst und Sport. Während Yura der nahbare Bruder war, war Wolodja in meinen Augen immer unerreichbar älter, weiser und größer. Jetzt, da er tot ist, wird der Abstand von neun Jahren, der zwischen uns bestand, täglich kleiner.

Ich werde nie so groß oder vielleicht so weise sein wie er, aber wenn ich Glück habe, werde ich das Alter erreichen und übertreffen, in dem er starb. Ich schätze, dass er irgendwann auf eine seltsame Art und Weise mein kleiner Bruder sein wird. Obwohl man durchaus sagen kann, dass ich mich oft wie seine große Schwester gefühlt habe, selbst als er noch lebte. Ich war es, die sich um ihn kümmerte, die sich Sorgen um ihn machte und versuchte, dafür zu sorgen, dass es ihm gut ging. Er bat nie um etwas Derartiges. Ich habe es vorgezogen, seine kleine „große" Schwester zu sein. Vielleicht war er mein großer Bruder, aber auf eine Weise, die mir nicht immer klar war.

Als er jünger war, sah Wolodja aus, als wäre er gerade dem Titelblatt eines Jugendmagazins entstiegen. Später hatte er das Aussehen eines umherziehenden Künstlers, eines Mannes, der schon einige Kämpfe mit dem Leben hinter sich hatte. Und erst in seinen letzten Lebensjahren hatte ich Mühe, ihn wiederzuerkennen: Die scharfen Gesichtszüge wurden noch schärfer, wenn sie von einem Helm oder einem Kopftuch umrahmt wurden, das übliche lange hellbraune Haar wurde durch einen kurzen Schopf ersetzt, die Arme wurden muskulöser, die Haut brauner, das Grün seiner Augen wurde dunkler gegenüber dem Khaki, das ihn immer umgab. Wenn ich mir die Fotos von ihm aus dieser Zeit ansehe, muss ich mich sehr anstrengen, um ein vertrautes Gesicht zu erkennen.

Als ich ein Kind war, sagte ich immer, wenn ich jemals jemanden heiraten würde, dann jemanden wie Wolodja. Später beschloss ich, dass ich nicht jemanden wie ihn heiraten, sondern jemand wie er *werden wollte*: klug, eigensinnig, selbstbewusst. Er las ständig, wollte aber nie über seine Ideen diskutieren, zumindest nicht mit mir. Er zeichnete wunderschön, trieb viel Sport und hatte coole Freunde; zumindest erschienen sie mir cool, als ich ein junges Mädchen war. In meiner Kindheit bedeutete er die Welt für mich, in späteren Jahren bereitete er mir viel Kummer. Unser gemeinsames Blut verband uns und brachte uns gegeneinander auf.

Wir sind in Lwiw aufgewachsen, einer Stadt im Westen der Ukraine, in einer Region, die als Galizien bekannt ist. Lwiw ist eine wunderschöne österreichisch-ungarisch-polnisch-ukrainische Stadt mit einer furchtbar komplizierten Geschichte, einer reichhaltigen Theaterszene und fantastischem Kaffee. Wie meine beiden Brüder war auch ich in diese Stadt verliebt, als ich dort lebte. Wie meine beiden Brüder verließ ich sie als junger Mensch. Mit 16 Jahren zog ich nach Großbritannien. Yura zog ebenfalls in das Vereinigte Königreich, sogar noch vor mir: Er war damals 17. Wolodja verließ die Ukraine in Richtung Niederlande, als er 24 war. Jeder von uns bewältigte sein Heimweh auf seine eigene Weise. Yura ging immer mit „unseren" Mädchen aus: jemandem aus der Ukraine, Belarus oder Russland. Ich erforschte die Region schließlich beruflich als Historikerin. Außerdem gründete ich eine Theatergruppe, die Stücke über die Ukraine aufführte.

Sowohl Yura als auch ich besuchten Lwiw gerne auf Stippvisiten, um den herrlichen Kaffee zu trinken und eine neue Theateraufführung zu sehen, aber in der Regel waren wir begierig darauf, den Rückflug nach London anzutreten. Wolodja hingegen hatte immer die Absicht, zurück nach Lwiw zu ziehen. Die Stadt war für ihn nicht nur eine hübsche Kulisse für eine nostalgische Tasse

Kaffee. Seine Beziehung zu ihr war viel intensiver als das. Vielleicht war es Yura und mir gelungen, die Lücke in unserer Identität, die durch die Einwanderung entstanden war, mit den Vorteilen zu füllen, die unser Gastland uns – wenn auch widerwillig – bot: Bildung, Arbeit, Freizügigkeit, Freunde aus aller Welt. Oder zumindest redeten wir uns ein, dass wir das geschafft hätten.

In den Niederlanden arbeitete Wolodja wie viele Einwanderer mit Gelegenheitsjobs hier und da. Er heiratete eine einheimische Frau, und es schien sogar so, als wollte er sesshaft werden. Aber es klappte nicht. Nach elf Jahren hatte er genug von diesem Leben und beschloss, nach Hause zu kommen, obwohl er eine Aufenthaltsgenehmigung hatte, von der viele Einwanderer träumen. Westeuropa hatte es nicht geschafft, Wolodjas Leere zu füllen, also kehrte er immer wieder an den Ort zurück, an dem er sich vollständiger fühlte.

Ich weiß nicht wirklich, wer mein Bruder war, aber ich weiß, wer er nicht war. Er war nie ein Menschenfreund, er war kein Feigling, er war nicht zuvorkommend, leichtfertig oder besonders höflich. Nach seinem Tod sagten seine Kameraden, er sei furchtlos gewesen. Er muss furchtlos gewesen sein, um freiwillig in den Krieg zu ziehen. Kurz vor seinem Tod sagte er, er sei ein Krieger geworden. Ich habe nicht verstanden, was das bedeutet. Warum sollte ein Denker, ein Künstler, ein Soldat werden wollen? Vielleicht wusste ich nicht zu schätzen, was es bedeutete, ein Denker und ein Künstler zu sein, oder vielleicht, was es bedeutete, ein Soldat zu sein.

Der Krieg in der Ostukraine hat Tausende von Menschenleben gefordert. Das Leben meines Bruders ist nur eines davon. Nach der Annexion der Krim durch Russland im März 2014 entwickelten sich die Feindseligkeiten in der Donbas-Region sehr schnell zu einem brutalen, nicht erklärten Krieg zwischen den von Russland unterstützten Separatisten und dem russischen Militär auf der einen und der ukrainischen Armee und Freiwilligenbataillonen auf der anderen Seite. Zum Zeitpunkt der Erstellung dieses Berichts, im Jahr 2020-21, wird die Gesamtzahl der Todesopfer auf beiden Seiten, einschließlich der zivilen Verluste, auf über 14 000 geschätzt. Darüber hinaus wurden mehr als zwei Millionen ukrainische Staatsbürger im Inland vertrieben. Mehrere Hundert werden vermisst. Dutzende von ukrainischen politischen Gefangenen sind auf der Krim, in den besetzten Gebieten des Donbas und in Russland inhaftiert. Der Krieg wütet nun schon seit über sieben Jahren, und es ist schwer vorstellbar, wie Frieden in dieser Region aussehen soll.

Ein paar Jahre nach dem Tod meines Bruders wurde ich eingeladen, auf einem Workshop über die Erinnerung an die Vergangenheit in den Konflikten der Gegenwart zu sprechen. Dort traf ich eine erfahrene Friedensstifterin, Natalia. Sie sagte mir, dass es Konflikte gibt, die zu Kriegen führen, und Kriege, die zu Konflikten führen, und der Fall der Ukraine sei der letztere. Zweifellos hatte sie Recht: Die ukrainische Bevölkerung ist vielfältig, und wie in allen Ländern der Welt haben die Menschen Vorurteile gegenüber „dem Anderen", den sie nicht so gut kennen. Gegenseitige Stereotypen gab es schon immer, und sie wurden durch die komplexe und oft blutige Geschichte der Ukraine noch verschärft, die nur wenige Ukrainer in ihrer ganzen Tiefe verstehen, obwohl sie sie durch oft schwarz-weiße Familiengeschichten kennen. Niemand hätte je gedacht, dass dies alles zu einem Krieg führen würde, und ohne die Beteiligung des Kremls hätte es diesen Krieg gar nicht gegeben. Sobald er begann, schlossen sich einige aus patriotischem Antrieb, andere aus Verzweiflung an. Und wie alle Kriege wurde auch dieser zu einer Geschäfts- und Karrierechance, die sich viele nicht entgehen ließen. Die Geschichte dieses Krieges wird in den verschiedenen Geschichtsbüchern unterschiedlich dargestellt, aber diese Bücher ähneln sich in ihrer groben Vereinfachung. Wir mögen es, wenn Kriege geradlinig verlaufen, wenn Gut und Böse klar definiert sind. Aber wie alle Kriege ist auch dieser eine chaotische Geschichte voller Leid, Grausamkeit und Schmerz.

Eines Tages wird der Krieg zu Ende sein, aber er wird in den Köpfen und Herzen derjenigen bleiben, die seine Schrecken aus erster Hand miterlebt haben, die ihm so nahe kamen, dass sie seinen schrecklichen Geruch riechen konnten. Lange nach dem Ende des eigentlichen Krieges wird der Krieg mit den Dämonen, die in uns eingedrungen sind – als Zeugen, Zuschauer, Opfer, Teilnehmer – weiter wüten. Der Kampf, uns nicht vom Hass verzehren zu lassen, wird über den Kampf auf den Schlachtfeldern hinaus andauern, und alle siegreichen Schlachten an der Front werden sinnlos sein, wenn wir diese entscheidende Schlacht verlieren.

Ich schrieb dieses Buch, um meine eigenen Dämonen zu bekämpfen: Trauer, Groll, Angst. Ich schrieb es in dem Versuch, einem Verlust einen Sinn zu geben: einem Verlust im Kampf, der nur einer von Tausenden für die ukrainische Armee war; dem Verlust eines Bruders, der für mich einzigartig war. Indem ich diese Geschichten zu Papier brachte, versuchte ich, der Dunkelheit der Trauer zu entfliehen, mich von dem Hass zu befreien, der seine Saat in mich gelegt hatte, und zu versuchen, nach vorn zu schauen. Dieses Buch nennt und erzählt die Geschichte eines einzigen Lebens, das in diesem Krieg verloren ging, und gibt ihm einen Namen, aber ich hoffe, dass es helfen kann, andere trauernde Herzen zu trösten.

Die meisten Geschichten in diesem Buch handeln von wahren Ereignissen, so wie sie sich zugetragen haben. Ich hoffe, dem Leser dadurch einen Einblick in den Konflikt inner- und außerhalb der Schützengräben zu geben. Fünf andere Geschichten – die kursiv gedruckten – handeln von Dingen, über die ich nicht aus erster Hand berichten konnte, weil dies ein Verständnis für das Leben und den Tod meines Bruders voraussetzen würde, das ich nicht besitzen kann. Betrachten Sie sie als den Nebel, der die Klarheit der Sicht behindert, ohne den das Gesamtbild aber nicht getreu wiedergegeben würde.

# Theorie und Praxis des Krieges, Teil I

Ich beschäftige mich seit über einem Jahrzehnt mit Kriegen. Die Gewalt, die in Büchern, mündlichen Berichten, Fotografien und Archivalien beschrieben wird, hat immer Spuren in mir hinterlassen. Ich konnte und wollte mich emotional nicht völlig von ihr lösen, aber mit der Zeit wurde ich unempfindlich gegen sie. Hin und wieder verließ ich ein Interview mit einem meiner Gesprächspartner - Veteranen des Zweiten Weltkriegs - tief bewegt von ihren Geschichten. Gelegentlich brach ich in den Archiven in Tränen aus, nachdem ich einen besonders berührenden Brief gefunden oder ein Verhörprotokoll gelesen hatte, das mir besonders schwer im Magen lag. Ich habe viel von mir selbst in diese Arbeit investiert, aber es war trotzdem nur eine Arbeit.

Als der Krieg in der Ostukraine begann, änderte sich alles. Ich konnte nicht mehr an politische Gewalt als Forschungsgegenstand denken, da sich nun ein brutaler Krieg in einem Land abspielte, das mir so sehr am Herzen lag, obwohl für die meisten Westeuropäer immer noch in sicherer Entfernung: in „einem weit entfernten Land zwischen Menschen, von denen wir nichts wissen". Ich verfolgte das Geschehen von London aus, vor allem durch Medienberichte und Videos in den sozialen Medien, und war entsetzt, dass die Worte, die mir aus meiner akademischen Arbeit so vertraut waren - Beschuss, Bombardierung, Gefangenschaft, Tote, Kriegsverbrechen - nun in den Nachrichten über mein Heimatland verwendet wurden. Ich hatte mich daran gewöhnt, von Verlusten zu hören. Schwere Verluste, tatsächliche Verluste, offizielle Verluste, Gebietsverluste, Kontrollverluste, persönliche Verluste. Diese Worte bekamen eine andere Bedeutung. Sie waren realer, sie waren greifbarer.

Ich sah, wie meine Freunde und Verwandten an die Front gingen. Einige erhielten Einberufungsbescheide, andere meldeten sich freiwillig. Meine beiden Onkel wurden einberufen: der eine war fast 60 Jahre alt, der andere schwer behindert. Das war ein guter Hinweis auf die Ineffizienz der Militärkommissariate, vor allem in den ersten Tagen. Ich sah, wie die ukrainische Diaspora

Londons dank der Neuankömmlinge, meist junge Männer, die vor der Einberufung flohen, zahlenmäßig wuchs. Ich urteilte nie über sie. Niemand will sterben, weder für das eigene Land noch für andere. Ich sah, wie meine in London lebenden Freunde mit ihren Gefühlen kämpften: Sie konnten sich nicht entscheiden, ob sie in die Ukraine zurückkehren und sich melden oder vor Ort bleiben und sich der erstaunlich effizienten Freiwilligenbewegung anschließen sollten, um finanziell, aber aus der Ferne zu den Kriegsanstrengungen beizutragen.

Bevor der Krieg in der Ostukraine begann, bedeutete der Ausdruck „vor dem Krieg" für mich „vor dem Zweiten Weltkrieg". Er bezog sich auf die Geschichte, etwas, von dem ich ein oder zwei Dinge wusste. Jetzt bedeutete „vor dem Krieg" die Vergangenheit, die nur einen Schritt hinter der Gegenwart lag. Die Friedenszeit, die es beschrieb, schien bereits unerreichbar zu sein.

Es war beunruhigend, wie schnell sich die Ukrainer an die Sprache des Krieges gewöhnten: Wir lernten die Namen der verschiedenen Uniformteile, den Jargon der Armeeversorgung und natürlich Armeeeuphemismen wie „zweihundert" (Gefallene) und „dreihundert" (Verletzte). Manchmal schloss ich mich meinen Freunden an, die tage- und nächtelang vor der russischen Botschaft, vor Downing Street 10 und vor dem Parlament in London protestierten. Die Solidarität, die wir in diesen Momenten spürten, gab uns das Gefühl, etwas weniger hilflos zu sein, etwas mehr Hoffnung zu haben, dass wir meilenweit von zu Hause entfernt zumindest etwas tun könnten, wenn schon nicht, den Krieg zu stoppen – wir wussten, dass wir in dieser Hinsicht machtlos waren – so doch zumindest, um auf das aufmerksam zu machen, was am anderen Ende Europas vor sich ging.

Die ganze Zeit über fürchtete ich einen Anruf meines Bruders, der nach seiner Rückkehr aus den Niederlanden seit vier Jahren in der Ukraine lebte, dass sein Einberufungsbescheid eingetroffen sei. Da er als junger Mann die Wehrpflicht erfüllt hatte, war er im Rang eines Unteroffiziers. Zu Beginn der Feindseligkeiten im Donbas befand sich die ukrainische Armee in einem desolaten Zustand: Sie war nicht nur schlecht ausgerüstet, sondern hatte auch schlecht ausgebildetes Personal. Ich war mir sicher, dass er aufgrund seiner militärischen Erfahrung zu den Ersten gehören würde, die eingezogen wurden. Aber ein Jahr verging, und er wurde nicht einberufen. Jeder Tag kam mir wie ein Segen vor. Bis mein Bruder eines Tages anrief, nicht um mir mitzuteilen, dass sein Einberufungsbescheid gekommen war, sondern um mir mitzuteilen, dass er sich freiwillig gemeldet hatte.

Ich setzte mich sofort mit einem guten Freund in Verbindung – einem pensionierten Soldaten, der einen seiner Einsätze nur knapp überlebt hatte, als er noch in der Armee war – und bat ihn, mit meinem Bruder zu sprechen und ihn davon abzubringen, an die Front zu gehen. Kolja willigte ein, mit meinem Bruder zu sprechen, rief Wolodja an und sagte ihm, er solle ein Militärkrankenhaus besuchen, in dem sich die von der Front zurückgekehrten Männer erholten. Dies schien das Gegenteil von dem zu bewirken, was ich und mein Freund beabsichtigt hatten: Wolodja wurde noch sicherer, dass er in den Krieg ziehen wollte. Der Versuch, ihn davon abzubringen, war sinnlos.

Mein Bruder ging freiwillig an die Front. Es war seine Entscheidung. Ich werde nie erfahren, warum genau er sich gemeldet hat, aber ich glaube, dass es etwas damit zu tun hatte, dass er mit ansehen musste, wie andere, die jünger waren als er, getötet wurden oder verletzt von der Front zurückkehrten. Schuldgefühle sind ein starker Motivationsfaktor.

Zunächst diente er als Maschinengewehrschütze und verbrachte einen Großteil seiner Zeit in der Region Donezk, in der Nähe der Stadt Horliwka. Gegen Ende seiner Dienstzeit wurde er Kommandeur eines Aufklärungszuges, der unweit der Stadt Popasna in der Region Luhansk stationiert war. Alles in allem verbrachte er fast zwei Jahre an der Front. Als er zwischen seinem ersten und seinem zweiten Einsatz kurzzeitig demobilisiert wurde, versuchte ich, ihn davon abzubringen, wieder an die Front zu gehen. Er hörte mein Flehen an und sagte, dass er jede Nacht Alpträume habe, wenn er in seinem zivilen Bett schlafe. Sobald er in das Kriegsgebiet zurückkehrte, hörten die Albträume auf. Wenn man einen Alptraum erlebt, hat man vielleicht keine Zeit, davon zu träumen. Oder vielleicht kann das zivile Leben mit seinen vielen Grautönen einfach nicht mit der Klarheit des Kriegsgebiets mithalten: Dort weiß man wenigstens genau, wer seine Freunde und wer seine Feinde sind.

Als mein Bruder in den Krieg zog, kam der Krieg in mein Haus. Im wahrsten Sinne des Wortes. Meine Wohnung füllte sich mit allen Arten von Militärgütern, die aus der ganzen Welt geliefert wurden: China, Italien, Irland, dem Vereinigten Königreich, Israel, den USA. Im ersten Jahr der Feindseligkeiten hatte ich mich geweigert, Geld an Wohltätigkeitsorganisationen zu spenden, die Spenden für die Armee sammelten. Ich war der Meinung, je mehr wir Freiwillige unterstützten, die den Proviant kauften, der eigentlich vom Staat geliefert werden sollte, desto mehr würde der Staat zögern, die Armee zu reformieren, die Beraubung der Streitkräfte durch korrupte Beamte zu verhindern und sie tatsächlich mit dem notwendigen Proviant zu versorgen - von Socken, T-Shirts und Lebensmitteln bis hin zu geeigneter Munition und Technologie. Ich mag im Prinzip Recht gehabt haben, aber als ich hörte, dass mein Bruder sich gemeldet hatte, ging ich sofort ins Internet und begann, alles zu kaufen, was er an der Front brauchen könnte.

Die Pakete mit Uniformen, Medikamenten und anderen lebenswichtigen Dingen für das Leben an der Front stapelten sich, während ich die Liste abhakte, die Kolja hilfreicherweise für mich geschrieben hatte. Ich schämte mich, dass ich den Freiwilligen, die die gleichen Dinge für die Soldaten sammelten, wie ich jetzt für meinen Bruder sammelte, kein Geld gegeben hatte. Ich schämte mich dafür, dass ich nicht in der Lage war, an meinem Prinzip festzuhalten, den Staat für seine Handlungen zur Rechenschaft zu ziehen und dafür zu sorgen, dass er seiner Verantwortung nachkam. Während ich beruflich antimilitaristische Texte schrieb, sah ich mich privat militarisiert, wenn auch unfreiwillig. Ich wusste, dass mein Handeln heuchlerisch war: Es beruhte nicht mehr auf den politischen Ansichten einer informierten Akademikerin, sondern auf den Ängsten einer Schwester. Ich wusste nicht mehr, ob es richtig gewesen war, keine Wohltätigkeitsorganisationen zu unterstützen, die der Armee helfen. Ich war mir nicht sicher, ob ich falsch lag, als ich die Vorräte für meinen Bruder kaufte. Mir wurde klar, dass man gleichzeitig Recht und Unrecht haben kann. Das ist es, was Kriege mit uns machen.

Und dann sah ich meinen Bruder in einem Nachrichtenbericht. Mein Freund Kolja schickte mir einen Link mit den Worten: „Schau mal, in 24 Sekunden zeigen sie deinen Bruder!"

Ich fragte ihn, wie er ihn erkannt habe; sie waren sich nie persönlich begegnet, sondern hatten nur am Telefon gesprochen. Er antwortete: „Elementar, mein lieber Watson! Ich habe ihn an der Ausrüstung erkannt, bei deren Kauf ich Ihnen geholfen habe."

Wie seltsam muss es sein, jemanden an seinen militärischen Utensilien zu erkennen. Wie viel seltsamer war es, den geliebten Menschen auf einem Fernsehbildschirm in einer Nachrichtensendung zu sehen, wie er die militärische Ausrüstung trägt, die man für ihn online gekauft hatte. Als ich meinen Bruder betrachtete, der mir in seiner Uniform so fremd war, fragte ich mich, ob ich die Gegenstände, die ich für ihn gekauft hatte, besser kannte als ihn selbst.

# Ein Paar Stiefel, Teil I

Monatelang wurden mir auf meiner Facebook-Seite Anzeigen für Dating-Seiten, Umstandskleidung, Theateraufführungen und Armeestiefel angezeigt. Größe 41. Die Algorithmen müssen gedacht haben, dass ich eine alleinstehende Frau im gebärfähigen Alter bin, die sich für Theater und Armeebekleidung interessiert. Sie müssen auch gedacht haben, dass ich ziemlich große Füße habe.

Ich gab Facebook nicht die Schuld. Ich hatte Tage damit verbracht, auf Websites für Armeeüberschüsse nach einem Paar Armeestiefel zu suchen. Auf Wunsch meines Bruders war ich fest entschlossen, ein leichtes, wasserdichtes, schwarzes Paar in Größe 41 zu kaufen. Schnell wurde mir klar, dass die Anbieter von Armeebedarf genau das verkaufen: Überschussware. Das bedeutete, dass die gängigsten Größen - einschließlich Größe 41 - sehr schwer zu finden waren. Ich zog in Erwägung, mir Polizeistiefel zuzulegen, weil sie superleicht waren und ich sie in der richtigen Größe und Farbe bekommen konnte, aber sie waren nicht wasserdicht. Ich fand ein Paar Armeestiefel, die wasserdicht, schwarz und in Größe 41 waren, aber sie waren schwer, und das Letzte, was man beim Durchqueren der schlammigen, erdschwarzen Felder der Ostukraine will, sind Stiefel, die eine Tonne wiegen, noch bevor sich der Schlamm auf ihnen sammelt.

Nachdem ich etwa eine Woche lang Hunderte von Armeestiefeln auf meinem Laptop überprüft hatte und nicht fand, was ich brauchte, begann ich zu verzweifeln. Jeden Tag schaute ich auf den wichtigsten Websites nach, ob es neue Angebote gab, aber ohne Erfolg. Und dann, plötzlich, waren sie da: ein glänzendes Paar Gore-Tex Pro Combat British Army Stiefel. Ich konnte meinen Augen nicht trauen! Sie waren wasserdicht, schwarz, ein bisschen schwer, aber vor allem Größe 41! Aber Moment, was ist das? Auf dem Etikett stand: „Größe 41 Medium". „Oh, Gott!" dachte ich: „Ist 'medium' gut? Was sind die anderen Möglichkeiten?" Ich konnte mich nicht damit abfinden, sie aufzugeben und weiter nach einem anderen Paar zu suchen. Zum Glück gab es ohnehin keine anderen Optionen, und ich dachte mir, dass „medium" besser sein muss als „groß" oder „klein", also kaufte ich sie. Der besondere Bonus für meine harte Arbeit war die Tatsache, dass sie nicht „gebraucht" waren, wie die meisten der anderen Paare, die ich mir angesehen hatte. Sie waren brandneu. Ich war sehr glücklich: Mein Bruder würde ein nagelneues Paar richtige Armeestiefel haben, um die ihn die ganze Kompanie und vielleicht sogar das ganze Bataillon beneiden würde! Niemand sonst würde so schöne Stiefel haben.

Meine bestellte Ware kam ziemlich schnell an. Ich war froh zu erfahren, dass die Stiefel nicht zu schwer waren. Ich wischte sie ab, streichelte sie sanft, flüsterte ihnen „viel Glück" zu, legte sie zurück in den Schuhkarton und packte den Karton in eine Tasche. In der Tasche befanden sich bereits eine komplette Armeeuniform, ein paar Armeemützen, Armeesocken, T-Shirts, ein leichter wasserdichter Anzug, eine leichte Jacke und Hose, eine Helmunterlage, ein Biwaksack, ein echter Poncho der britischen Armee, ein paar andere Kleidungsstücke der Armee sowie medizinische Hilfsmittel, ein Celox-Beutel (das Zeug, das starke Blutungen stoppt), Wasserreinigungstabletten, Trockenfutter-Survival-Packs und jede Menge Schokolade und Flapjacks. Im Grunde all die Dinge, die die ukrainische Armee ihren Soldaten nicht zu geben pflegt. Außerdem gab es einen MP3-Player mit meiner Lieblingsmusik. Ich war nicht darum gebeten worden. Ich packte ihn aus eigenem Antrieb ein. Meine Mutter fügte ein paar kleine Kreuze an die Lederfäden: „Vielleicht verteilt er sie an seine Freunde und behält eines für sich", sagte sie.

Abgesehen von den Stiefeln, die mir eine wirkliche Qual waren, war keines dieser Dinge besonders schwer zu bekommen. Mein Freund Kolja hatte eine Liste mit den benötigten Artikeln und den Firmen, die sie lieferten, erstellt. Andere Freunde, die bereits seit einiger Zeit als Freiwillige tätig waren, schlugen einige Websites vor, die diese Artikel verkauften. Die Beschaffung all dieser Armeeartikel war also bemerkenswert einfach. Es gab nur einen Artikel, der mir entgangen war: Ich hatte gehofft, auch eine kugelsichere Weste zu bekommen, aber diese Aufgabe erwies sich als jenseits meiner Möglichkeiten. Kugelsichere Westen sind im Internet nicht so leicht zu finden, das ist klar. Aber alles in allem war ich beim Anblick der großen khakifarbenen Tasche, die mit all diesen Artikeln gefüllt war, ziemlich stolz auf mich, weil ich meine eigene militärische Mission erfüllt hatte: alles Notwendige zu besorgen, um meinen Bruder warm, trocken und sicher zu halten.

Meine Mutter und ich brachten die Tasche zu einem Mann mit einem Lieferwagen, der sie dann in die Ukraine transportierte und an Kolja in Lwiw weitergab. Vor dem Krieg hatte ich die Dienste des Mannes mit dem Lieferwagen nur kennengelernt, als meine Eltern meinen zahlreichen Cousins und Cousinen in den Karpaten Geschenke schickten und diese uns im Gegenzug getrocknete Pilze, Honig und all die anderen Köstlichkeiten aus der alten Heimat schickten, die man vermisst, wenn man ein bisschen Heimweh hat.

Ich fragte mich, was der Mann mit dem Lieferwagen davon hielt, sein Geschäft auf die Versorgung der Armee auszuweiten. Vielleicht gefiel es ihm, dass er auf diese Weise seinen Beitrag für das Land leisten konnte. Er berechnete uns jedenfalls nicht viel für die Tasche. Vielleicht empfand er es als unzureichend, dass er, anstatt diese Dinge für sich selbst zu kaufen und mit seinem Lieferwagen an die Front zu fahren, seinen Job als Bote zwischen Frieden und Krieg weiterführte. Vielleicht hatte er sich darüber auch gar keine Gedanken gemacht. Nicht jeder denkt über diesen Krieg nach, und vielleicht ist das auch gut so. Als wir ihm an einem sonnigen Nachmittag in einer Seitenstraße im Westen Londons unsere Tasche übergaben, hatten wir das Gefühl, jemanden zu verabschieden, den wir vielleicht nie wiedersehen würden.

# Eine Hochzeit in Kriegszeiten

Die Liste mit den Armeeartikeln, die ich für meinen Bruder gekauft hatte, um ihm das Leben im Kriegsgebiet zu erleichtern, lag noch immer auf meinem Schreibtisch, als eine neue Einkaufsliste daneben erschien. Dies machte meine Online-Bestellungen zu einer ziemlich vielseitigen Angelegenheit:

- Schottenkaro-Papierservietten (3 Packungen à 20 Stück)
- Brandwunden-Notfallverband (5er-Pack)
- gelb/blaues Satinband (5 Meter)
- Tasmanischer Tiger Khaki Rucksack (1)
- Tischkonfetti (20 Packungen)
- Fortschrittlicher Blutgerinnungsschwamm (25 g x 2)
- Gastgeschenke für Hochzeitsgäste (Miniatur-Whiskeyflaschen x 50)

Wenn jemand diese Liste sehen würde, würde er denken, dass ich entweder eine Hochzeit mit dem Motto "Krieg" veranstalte oder im Schützengraben heiraten würde. Das war nicht weit von der Realität entfernt: Meine Hochzeit sollte knapp ein Jahr, nachdem mein Bruder an die Front gegangen war, stattfinden. Und während ich nach einer Hochzeitslocation in London suchte, war ich in Gedanken in den Schützengräben der Ostukraine.

Es gibt ein ukrainisches Volkslied für jede Gemütslage, vor allem, wenn man melancholisch veranlagt ist. Da gibt es zum Beispiel eines, in dem eine Schwester der anderen vorwirft, rücksichtslos zu sein und ihre Interessen über die der anderen zu stellen: „Dein Bruder ist im Krieg / er vergießt sein Blut, / du heiratest / und er weiß nicht einmal davon.“ Das Lied hätte auch über meine Hochzeit geschrieben werden können.

Seit dem Tag, an dem mein Partner und ich beschlossen, zu heiraten und unseren Bund mit einem kleinen Empfang zu feiern, fragte ich mich immer wieder, wie ethisch es war, ein Hochzeitskleid auszusuchen, eine Playlist zusammenzustellen und Gäste zu einer Party einzuladen, während eines meiner Geschwister an der Front war. Jeden Abend ging ich ins Bett und hoffte, dass mein

Bruder aufwachen würde, um einen neuen Tag zu erleben. Jeden Tag fragte ich mich, ob er bei meiner Hochzeit noch am Leben sein würde. Als der Hochzeitstag näher rückte, wurde die Melodie in meinem Kopf immer lauter... „Pah-pah-pam, pam-pam... Er vergießt sein Blut, / pah-pah-pam, pam-pam... und du heiratest..." Folklore ist eine mächtige Sache.

Natürlich war mir klar, dass Menschen auch in Kriegszeiten heirateten. Für die einen ging das Leben weiter, während es für die anderen endete. Ich versuchte, erwachsen damit umzugehen, und hielt an den Hochzeitsplänen fest. Schließlich, so sagte ich mir, wollte ich keine riesige Party veranstalten. Ich war nie ein Mädchen, das auf große weiße Prinzessinnenkleider steht. Unsere sollte eine kleine, intime Feier werden. Aber gerade zu solch intimen Anlässen möchte man seine Liebsten sehen, nur war keiner meiner lieben Brüder zu dieser Zeit in der Nähe: Mein ältester Bruder war 3.000 Kilometer entfernt in einem Kriegsgebiet und mein anderer Bruder war in der Reha, um seinen eigenen Krieg zu führen.

Wir setzten die Party fort. Es war ein schöner Tag. Es stellte sich heraus, dass es möglich war, zu heiraten, während ein geliebter Mensch sein Blut vergoss. Es stellte sich heraus, dass es möglich war, Hochzeitsreden zu hören und gleichzeitig an die Schützengräben zu denken. Schade, dass ich keine Gelegenheit hatte, meinem Bruder die Hochzeitsfotos zu zeigen; ich bin sicher, er hätte den einen oder anderen Witz darüber gemacht.

# *Vertep*

*Als wir noch klein waren, nahmen uns unsere Eltern zu Weihnachten mit ins Dorf unserer Großeltern. In der Weihnachtszeit gab es viele Rituale, die sich in das Gedächtnis eines Kindes einprägen. Meine lebhaftesten Erinnerungen sind die an „*Vertep*". „Das Wort selbst stammt aus dem 17. Jahrhundert und bezeichnet ein tragbares Puppentheater. Im Laufe der Zeit entwickelte sich daraus eine Art Straßentheater, das die Geschichte von Christi Geburt erzählte. Die Besonderheit dieser Aufführung liegt darin, dass sie nicht von professionellen Schauspielern gespielt werden muss: In den meisten Dörfern und vielen Städten gibt es zahlreiche Truppen, die durch die Straßen ziehen und ihre eigene Version des Krippenspiels aufführen. Was ihnen an Können fehlt, machen sie durch Begeisterung wieder wett.*

*In diesem traditionellen ukrainischen Krippenspiel geht es nicht wirklich um Jesus. Jesus hat nicht einmal eine richtige Rolle darin. Er wird nur in Klammern erwähnt, als etwas, das uns gerade passiert ist. Die Hauptfiguren sind der Tod, der Teufel, der Engel und König Herodes. Es gibt auch Hirten, römische Soldaten, weise Männer und andere Nebenfiguren. Aber ihre Rolle besteht hauptsächlich darin, durch ihre eigene Bedeutungslosigkeit die Bedeutung der ersten vier hervorzuheben.*

*Jeder in den ukrainischen Dörfern möchte, dass die Vertep-Schauspieler in sein Haus kommen. Alle wollen Jahr für Jahr die gleiche Geschichte hören. Um zu sehen, wie das Gute über das Böse triumphiert. Jedes Jahr sah ich mir die Proben und dann die Aufführung des* Vertep *in unserem alten Haus im Dorf an. Meine beiden Brüder nahmen daran teil: Yura spielte ausnahmslos die Rolle des Engels. Mein Vater machte seine Flügel aus Sperrholz und beklebte sie mit weißem Papier, das ich mit einer Schere so zusammenrollte, dass es wie Federn aussah. Wolodjas Rolle war die des Teufels. Er trug eine furchterregende, selbst gebastelte Maske. Sie war schwarz und bedeckte sein ganzes Gesicht. Man konnte gerade noch seine Augen sehen, aber nur, wenn man sich anstrengte. So waren wir drei zusammen: ein Bruder in Weiß, fürsorglich und freundlich, der andere in Schwarz, beängstigend und verwegen. Und ich: ein Beobachter der Vorstellung, der in der Mitte feststeckte.*

*Die Vertep-Figuren haben mich mein ganzes Leben lang begleitet, und wenn der Engel, der Teufel, der Tod und König Herodes in einem makabren Tanz der Kindheitserinnerungen um mich herumwirbeln, ist es die schwarze Maske des Teufels, die für einen Moment vor mir schwebt. Sie starrt direkt in meine Seele und sucht nach dem Schwarzen in mir. Sie versteinert mich. Ich will nicht hinsehen. Aber ich kann mich nicht abwenden. Ich kann mich nicht bewegen. Bis ich durch die Löcher in der Maske sehe, dass die Augen nicht dem Teufel gehören. Ich kenne diese grünen Augen.*

*Wolodja spielte seine Rolle in der* Vertep *so gut, dass sie ihn jedes Jahr wieder einluden. Auch als er nicht mehr am Krippenspiel teilnahm, behielt er die Teufelsmaske. Manchmal setzte er sie auf, um andere zu erschrecken. Manchmal auch, um sich selbst zu erschrecken. Meistens aber behielt er sie, um sich daran zu erinnern, dass das Leben eine Mischung aus Weiß, Schwarz und Rot ist*

.

# Eine Facebook-Nachricht

Wenn Sie zwei Geschwister haben und man Sie nach dem Tod eines von ihnen fragt, ob Sie noch Geschwister haben, was antworten Sie dann? Sagen Sie: „Ich *habe* zwei Brüder"? Aber das ist nicht wahr, denn einer von ihnen ist nicht mehr da. „Ich *hatte* zwei Brüder. Jetzt habe ich einen, denn der andere ist tot"? Das ist zwar technisch gesehen richtig, aber es ist viel zu viel Information. Die Leute fragen dich aus Höflichkeit nach deinen Geschwistern; sie wollen nicht durch deine Familiengeschichte traumatisiert werden.

Es dauerte eine lange Zeit, in der ich innehielt, verwirrt dreinschaute und tief einatmete, um die Stille zu füllen und meine Nerven zu beruhigen, bis ich wusste, wie ich diese Frage beantworten sollte. „Ich bin das jüngste von drei Kindern." Das ist es, was ich jetzt sage, wenn jemand fragt.

Ich bin das jüngste von drei Kindern. Der Älteste ist in einem Krieg gefallen. Obwohl man selten im Krieg *stirbt*, wird man im Krieg *getötet*. Wenn jemand in die Armee eintritt und an die Front geht, wird sein möglicher Tod zu einer sehr realen Aussicht. Doch der Tod in einem Krieg hat nichts Natürliches, nichts Normales an sich. Jemand, der fit ist, um in der Armee zu dienen, ist sicher fit, um noch viele Jahre zu leben. Er oder sie ist wahrscheinlich ziemlich gesund, ziemlich jung, in der Lage, sich Herausforderungen zu stellen – die perfekten Zutaten für ein langes Leben. Ein plötzlicher Tod sollte daher das unwahrscheinlichste Ende des Lebens einer solchen Person sein. Und doch ist er im Krieg zu erwarten. Mein Bruder diente schließlich fast zwei Jahre lang, und ich verbrachte fast zwei Jahre damit, nicht daran zu denken, dass das am wenigsten natürliche Ende seines Lebens immer wahrscheinlicher wurde.

Eines Tages erhielt ich eine Facebook-Nachricht von jemandem, den ich nicht kannte, in der es hieß: „Verzeihen Sie meine seltsame Frage, aber wir suchen diese Person, die im Vereinigten Königreich lebt" – gefolgt vom Namen und den Daten meiner Mutter – „Ich nehme nicht an, dass sie Ihre Verwandte ist?" Als ich das las, wusste ich sofort, dass eines der Dinge, die ich erwartet hatte, an die ich aber nicht denken wollte, eingetreten war. Ich war mir nur nicht sicher, was genau. Eine schwere Verletzung? Gefangennahme? Aus irgendeinem Grund dachte ich nicht wirklich an den Tod. Ich schaute nach der Person, die mir eine Nachricht geschickt hatte, und sah, dass sie im ukrainischen Außenministerium arbeitete. Ich dachte sofort, dass mein Bruder von der anderen Seite gefangen genommen worden sein musste. Ich fühlte mich krank. Gefangenschaft schien mir die schrecklichste Aussicht zu sein. Ich hatte zu viele Geschichten über die Erniedrigung, die Folter und andere Schrecken gehört, denen die Kriegsgefangenen der sogenannten Separatisten ausgesetzt waren, und ich wusste, wie schwer es war, sie zu befreien.

Es war ein sonniger Samstagmorgen, und ich war in der Londoner U-Bahn auf dem Weg zu einem Treffen mit einem Freund in einem Park. Als der Zug an Bahnhöfen anhielt und die WLAN-Verbindung wiederhergestellt wurde, erhielt ich weitere ähnliche Nachrichten: „Guten Tag. Ich bin von der Militäreinheit, in der Ihr Bruder dient." *Er* dient! Er muss also noch am Leben sein! Ich versuchte, mich zu beruhigen. „Geben Sie mir Ihre Nummer, damit ich mich mit Ihnen in Verbindung setzen kann." Ich sprang aus dem Zug und rannte nach draußen, wo es Telefonempfang gab. Ich rief meine Mutter an und stellte fest, dass ich ihr schlechte Nachrichten zu überbringen hatte, aber noch nicht wusste, wie schlimm es war. Ich wollte sie nicht schockieren und begann mit den Worten: „Vielleicht ist es nichts, obwohl es sich ernst anhört..." Ich musste immer wieder an die Gefangenschaft denken. In Gedanken ging ich eine Liste von Freunden durch, die ich kontaktieren sollte, um mehr Informationen zu bekommen, Leute, die uns raten könnten, was wir tun sollten, um ihn zu befreien. Aber meine Mutter unterbrach mich und sagte: „Ich habe einen Anruf von einem Kommandanten erhalten. Unser Wolodja wurde an der Front getötet." Sie war so ruhig.

Ich verspürte ein seltsames Gefühl der Erleichterung: Er war also doch nicht gefangen genommen worden! Fast sofort wurde die Erleichterung durch eine eisige Welle der Realität ersetzt.

Wenn man in Filmen sieht, wie jemand eine schlechte Nachricht erhält, dreht sich die Kamera, damit man sich den verwirrten Geisteszustand der Person vorstellen kann. Das war hier nicht so. Nichts drehte sich. Ich hatte einen völlig klaren Kopf: Ich teilte meiner Mutter mit, dass ich auf dem Weg zu ihr war, sah auf dem Fahrplan nach, wann der nächste Zug zu ihrem Bahnhof fuhr, und überlegte, wen ich anrufen musste und in welcher Reihenfolge. Ich schickte diesen Leuten eine Nachricht auf Facebook: „Meine Mutter hat die Nachricht schon gehört. Danke, dass ihr euch gemeldet habt." Einer von ihnen antwortete: „Wir sind gerade auf dem Weg zum Leichenschauhaus. Wir sollten morgen in Lwiw sein. Die Straßen sind hier so schlecht, dass die Jungs nicht schnell fahren können."

Ich begann zu überlegen, wie schnell ich nach Lwiw kommen könnte. Könnte ich dort sein, bevor *er* ankommt? Der geschäftige Londoner Bahnhof schien völlig leer zu sein; ich bemerkte niemanden. Ich schickte meiner Freundin eine SMS, um ihr mitzuteilen, dass ich nicht in den Park gehen würde.

Erst als ich im Zug auf dem Weg zu meiner Mutter saß und meinen Vater anrief, brach ich zusammen. Ich musste die Worte sagen, die meine Mutter gerade zu mir gesagt hatte: „Unser Wolodja ist an der Front gefallen." Ich konnte es nicht so ruhig tun, wie sie es getan hatte.

Als ich bei meiner Mutter ankam, wussten wir zunächst nicht so recht, was wir einander sagen sollten. Ich wusste nicht einmal, ob ich sie umarmen sollte. Wir schienen sofort eine unausgesprochene Übereinkunft zu treffen, dass wir für die bevorstehende Reise etwas planen mussten. Wir hatten eine Aufgabe vor uns, die erledigt werden musste. In solchen Momenten bleibt wenig Raum für Gefühle. Vielleicht ist das auch ganz gut so.

Minuten vor meiner Ankunft hatte der Kommandant meines Bruders meine Mutter am Telefon gefragt, ob sie die Fotos von der Leiche meines Bruders sehen wolle, wie sie gefunden wurde. Sie bejahte. Er schickte sie ihr auf ihr Telefon, als ich ihre Wohnung betrat. Die Fotos zeigten meinen Bruder, wie er auf dem schwarzen, schlammigen Boden lag. Sein Kopf war mit einem weißen Tuch verbunden. Das rote Blut sickerte auf einer Seite heraus.

Hatten sie ihm den Verband angelegt, als er noch bei Bewusstsein war? Hatte er die Anwesenheit eines Menschen gespürt, als sein Leben zusammen mit seinem Blut heraussickerte? Oder war er völlig allein, als er starb? Wusste er, dass er sterben würde? Wir hatten niemanden, der uns diese Fragen beantworten konnte. Vorerst hatten wir nur die Fotos. Meine Mutter und ich sahen sie uns gemeinsam an. Erst schweigend und dann weinend. Ganz leise. Dann buchte ich unsere Flüge in die Ukraine und ging nach Hause, um zu packen. Meine Mutter blieb bei sich zu Hause und packte ebenfalls. Wir vereinbarten, dass wir uns am nächsten Morgen am Flughafen treffen würden. Ich war erleichtert, dass wir gerade noch vor ihm in Lwiw ankommen konnten.

Was folgte, war eine Woche, die mir wie ein böser Traum vorkam, aus dem ich nicht mehr aufwachen konnte. Mir war nie bewusst, wie erschütternd Trauer sein kann, und ich hätte nie gedacht, dass der Tod eines Menschen zu einem kafkaesken bürokratischen Alptraum werden kann. Mir wurde klar, wie unvorbereitet ich auf das Ereignis war, das ich seit fast zwei Jahren in meinem Hinterkopf erwartet hatte.

# Die Beerdigung, Teil I

Die Glastüren öffneten sich, und wir wurden von Dutzenden erwartungsvoller Augenpaare empfangen, die alle auf ein bestimmtes Paar warteten, das in die Ankunftshalle kam. Wir erwarteten, abgeholt zu werden, und blieben am Ausgang stehen, um die Leute anzustarren, die meist nicht auf uns schauten. Meine Mutter war seit Jahren nicht mehr auf diesem Flughafen gewesen. Sie hatte das glänzende neue Terminal, das für die Fußball-Europameisterschaft 2012 gebaut worden war, noch nicht gesehen. Sie sah so verloren aus, wie ein Kind. Ich wusste, dass ich die Sache in die Hand nehmen musste. Ich fahre regelmäßig in meine Heimatstadt zurück, während für meine Mutter dies erst ihr zweiter Besuch in siebzehn Jahren war. Bei ihrem ersten Besuch war sie zur Hochzeit ihres jüngeren Sohnes gekommen. Jetzt war sie gekommen, um an der Beerdigung ihres älteren Sohnes teilzunehmen.

Ich begann, die nächsten Schritte zu planen: eine SMS an meinen Vater, um ihm mitzuteilen, dass wir sicher angekommen waren, ein Taxi zur Mietwohnung zu nehmen, einen Besuch in einem örtlichen Geschäft, um Kaffee und Brot zu kaufen. Meine Gedanken wurden von einer Gruppe Fremder unterbrochen, die auf uns zukamen und etwas zu sagen begannen. Das einzige Wort, das zu mir durchdrang, war „Beileid".

Die Leute, die uns abholten - eine Frau mit einem Kind (ich dachte immer wieder, dass es um diese Zeit schon im Bett sein sollte) und ein Mann in Uniform - baten uns, in einem verlassenen Flughafencafé Platz zu nehmen; es war bereits nach Mitternacht. Die Frau und der Uniformierte stellten sich vor und begannen, etwas über die nächsten Tage zu erzählen. Es fiel mir wirklich schwer, mich zu konzentrieren, aber ich wusste, dass ich mich konzentrieren musste. Ich kramte in meiner Handtasche und holte einen kleinen Notizblock heraus, den ich normalerweise auf Forschungsreisen dabei hatte, nahm einen Stift heraus und begann,

Dinge aufzuschreiben, ähnlich wie ich es bei der Vorbereitung von Forschungsgesprächen tat.

> Montag
> 10 Uhr – Leichenschauhaus in der Pekarska-Straße.
> [unterstrichen]
> Dienstag
> 11:30, [durchgestrichen, ersetzt durch 11:15] – Leichenhalle.
> 11:30 Uhr – Zur Kirche gehen. Die Kirche von St. Peter und Paul.
> 12:00 – Gottesdienst.
> 13:00 – Lytschakiwski-Friedhof.
> [unterstrichen]
> „Enei" oder „Eurohotel"

Die Leute, die uns abholten, hatten freundlicherweise an alles für uns gedacht, sogar an mögliche Restaurants für die Totenwache: „Enei" oder „Eurohotel" wurden als die geeignetsten Optionen empfohlen, weil sie nicht zu teuer und in Gehweite des Friedhofs waren. Ich hätte nie gedacht, dass das Wort „Leichenschauhaus" und „Eurohotel" auf derselben Seite in meinem Notizblock stehen würden.

Meine Notizen bestanden aus Namen, Telefonnummern, Zeiten und Orten. Ich habe die lästige Angewohnheit, meinen Notizblock auf der ersten leeren Seite aufzuschlagen, die ich finde, und dort einfach loszuschreiben. Deshalb sind meine Notizen über den ganzen Block verteilt und manchmal sogar verkehrt herum geschrieben. Aber in diesem Fall spiegeln sie meinen damaligen Gemütszustand viel besser wider, als wenn ich sie ordentlich und methodisch aufgeschrieben hätte.

Liuba. Das war der Name der Frau mit dem Kind, das schon längst im Bett sein sollte. Liuba sah aus wie eine Frau, mit der man gerne einen Drink nehmen würde: lebhaft und energisch. Sie war ungefähr so alt wie ich und damit reif genug, um sich allem zu stellen, was das Leben ihr zuwarf, und jung genug, um die Energie zu haben, es zu bewältigen. Ihre Augen waren die einer

Frau, die Schmerz gesehen hatte. Wenn nicht ihren eigenen, dann sicherlich den von anderen. Viel davon. Sie machte es uns so bequem, wie es unter den gegebenen Umständen möglich war. Liuba war diejenige, die uns genau sagte, was wir tun sollten, wohin wir gehen sollten und an wen wir uns wenden sollten, wenn wir irgendwelche Probleme hatten. Sie gab mir ihre Handynummer – in meinen Notizen war sie blau hervorgehoben – und sagte mir, dass ich mich jederzeit melden könne. Sie meinte es ernst. Ich verstand nicht ganz, was ihre Aufgabe war, außer der Tatsache, dass sie Familien wie der unseren helfen musste, auch wenn das bedeutete, ihr Kind zu jeder Tages- und Nachtzeit an alle möglichen Orte zu schleppen. Der kleine Junge saß geduldig in der Nähe und wartete darauf, dass seine Mutter ihren Arbeitstag beendete, lange nachdem er eigentlich hätte beendet sein müssen. Für mich war Liuba von dem Moment an, als wir verloren in der Ankunftshalle standen, und noch einige Monate danach unser Schutzengel.

Der Mann in der Uniform hieß Oleh. Ich schrieb seinen vollen Namen in meine Notizen, aber in meinem Kopf blieb er „Oleh, der Mann in Uniform". Er arbeitete für das Militärkommissariat. Viel später erfuhren wir, dass er dort gearbeitet hatte, als Wolodja einrückte. Er war es auch, der meiner Mutter später den Orden für Tapferkeit überreichte, der meinem Bruder posthum verliehen wurde. Oleh war ernst und dienstbeflissen. Wie Liuba war er vielleicht so alt wie ich, aber sein strenger Blick und die Uniform ließen ihn älter erscheinen. Da ich in den 1990er Jahren in der Ukraine aufgewachsen bin, wo die Rechtsstaatlichkeit von den Strafverfolgungsbehörden nicht respektiert wurde, komme ich mit Menschen in Uniform im Allgemeinen nicht so schnell klar. Ich ziehe es vor, sie unter allen Umständen zu meiden. Dieser Mann wirkte jedoch irgendwie sympathisch. Im Gegensatz zu Liuba, die das ganze Reden und Erklären übernahm, sagte Oleh nicht viel. Er sah uns geduldig, schweigend und direkt an. Er versuchte nicht, seinen Blick zu verbergen, obwohl ihm diese Situation alles andere als angenehm war. Das respektierte ich. Diese beiden Menschen machten die folgenden Tage gerade noch erträglich.

Wir beendeten unsere Flughafenbesprechung, fanden ein Taxi und fuhren zu unserer Mietwohnung. Ich dachte, ich würde vor lauter Erschöpfung einschlafen, aber ich konnte nicht. Man hatte mir gesagt, dass die Leiche meines Bruders bereits in Lwiw angekommen war. Ich fragte mich, wo er war. Meine Mutter schlief im Zimmer nebenan und dachte wohl, dass ich sie nicht hören konnte. Aber ich konnte es. Ab und zu hörte ich ein ersticktes Wimmern. Dann Stille. Dann wieder leises Schluchzen. Die Nacht verging irgendwie.

Morgens saßen wir in der Küche, bevor wir uns auf den Weg zum Leichenschauhaus machten, wie ich in meinem Notizbuch notiert habe. Trinkt man einen Kaffee, bevor man das Leichenschauhaus besucht? Das Frühstück stand nicht zur Debatte. Wir würden es nicht vertragen können. Ich weiß nicht mehr, ob wir Kaffee getrunken haben. Ich weiß nicht mehr, wie wir zum Leichenschauhaus gekommen sind. Ich weiß nur noch, dass ich meinen Bruder, oder besser gesagt, seine Leiche, dort traf. Das war das erste der drei Dinge, vor denen ich mich am meisten fürchtete.

# Lenin

Das erste, was ich dachte, als ich ihn im Leichenschauhaus sah, war, dass er wie Lenin aussah. Im Leben sah er nie wie Lenin aus. Ich dachte, ich würde verrückt. Er hatte eine hohe Stirn und einen kleinen Bart, wie Lenin auf den Bildern, die ich als Kind gesehen habe, und das muss mich an Lenin im Mausoleum denken lassen.

Ich habe meinen Bruder immer um seine hohe Stirn beneidet. Ich wollte auch so eine haben. Aber meine war immer kleiner. Ich konnte meinen Kopf nie so hoch halten wie er. Stolz war er. Unverschämt sogar. Als wir Kinder waren, ritt er auf Pferden, nahm an Fechtkursen teil und schwamm sehr gut. Ich sang Lieder und spielte im Theater. Ich konnte nicht reiten, fechten oder schwimmen. Er lernte Fremdsprachen, Englisch, Polnisch, Niederländisch, denn er reiste um die Welt, indem er einfach mit den Leuten zusammen war. Ich musste meine Sprachen lange und intensiv lernen. Er war ein Philosoph, ohne es überhaupt zu versuchen. Ich erwarb einen Abschluss nach dem anderen, fühlte mich aber in seiner Gesellschaft immer unzulänglich. Er war ein begabter Künstler, und ich konnte nicht einmal ein Strichmännchen zeichnen. Ich bewunderte ihn, ärgerte mich über ihn, fürchtete ihn und liebte ihn immer. Egal, was passierte.

Und jetzt machte ich mir Vorwürfe, weil ich dachte, dass er wie Lenin aussah.

Ich hatte große Angst, das Leichenschauhaus zu betreten. Ich hatte Angst, die Narben, die Wunden, die Brüche zu sehen. Ich hatte bereits den Bericht der Militärmedizinischen Kommission gelesen, der von der Front kam: „Schädelfraktur durch Schrapnell. Quetschung des Gehirns. Verletzungen durch Kriegsoperationen mit Todesfolge. Die Verletzungen und die Todesursache wurden beim Schutz des Vaterlandes erlitten." Ich stellte mir das alles in meinem Kopf in allen Einzelheiten vor. Also bereitete ich mich so gut wie möglich auf das Leichenschauhaus vor. Als wir eintraten, konnte ich nur denken, dass er wie Lenin aussah. Es muss die hohe Stirn gewesen sein.

Er sah aus, als ob er schliefe. Seine Gesichtszüge waren friedlich. Über seiner rechten Schläfe befand sich eine sehr kleine

Wunde. Am Hinterkopf hatte er eine große Narbe, die aber sorgfältig vom Kissen verdeckt war, so dass wir sie kaum sehen konnten. Seine Uniform war sauber und neu. Ich fragte mich, wessen Aufgabe es war, den toten Soldaten diese neuen Uniformen anzuziehen, bevor sie ihren Familien übergeben wurden. Die Leute, die diese Arbeit machten, waren die wahren Helden. Mir fiel auf, dass die Stiefel, die er trug, nagelneu waren, und ich dachte, es sei eine Schande, neue Stiefel in einen Sarg zu legen, wo doch so viele Soldaten sie an der Front brauchten. Ich ärgerte mich über mich selbst, weil ich das dachte.

Ich ertappte mich bei dem Gedanken, dass ich dankbar war, dass wir ihn begraben konnten. So viele Menschen werden im Einsatz vermisst, sterben irgendwo inmitten von Minenfeldern und werden nie wieder gefunden; so viele werden in den Kellern ihrer Entführer getötet, und selbst wenn ihre Leichen an die Angehörigen zurückgegeben werden, sind sie nicht immer erkennbar. Ich hatte Glück. Ich konnte mich von einer Leiche verabschieden, die wie mein Bruder aussah.

Ich hielt seine Hand. Ich streichelte sein Gesicht. Ich wollte seine hohe Stirn küssen, aber ich hatte Angst, dass er das nicht mögen würde. Er war nie ein zartfühlender Typ. Zumindest wollte er die Leute das glauben lassen.

Ich stand da und stellte fest, dass das Gesicht im Sarg nicht mehr Lenin ähnelte. Die Züge waren unbestreitbar die meines Bruders. Ich sah ihn an und erinnerte mich an die Zeit, als er mich von der Schule abholte. Er hasste es, mich abzuholen. Ich liebte es, denn wenn mein großer Bruder mich abholte, konnten mich alle Jungs sehen, und sie würden es nie wagen, sich mit mir anzulegen! Ich plapperte den ganzen Weg nach Hause vor mich hin. Er sagte kein einziges Wort. Ich glaube, er hatte nicht zugehört. Das machte mir nichts aus. Ich habe ihm damals verziehen, dass er nicht zugehört hat.

Als wir erwachsen wurden, habe ich ihm auch vieles verziehen. Dass er grausame Nachrichten schickte, als die PTBS ihn übermannte. Dass er monatelang keine Nachrichten schickte. Dass er aus eigenem Antrieb zur Armee ging. Dass er getötet wurde. Ich habe ihm alles verziehen, als ich den Mut aufbrachte, seine hohe Stirn zu küssen.

# Die Beerdigung, Teil II

Wir verließen das Leichenschauhaus und Liuba war wieder da. Ich war dankbar, ihr Gesicht zu sehen. Es bedeutete, dass wir nicht allein waren.

„Du musst mit dem Priester sprechen und Brot für den Gottesdienst heute Abend kaufen“, sagte Liuba zu mir.

„Mit dem Priester sprechen. Brot kaufen“, schrieb ich in meinen Notizblock.

„Den Kranz für das Grab bekommst du in einem Geschäft gleich dort drüben“, sagte Liuba.

Ich hätte den Kranz sicher vergessen.

„Einen Kranz holen“, schrieb ich.

„Hast du dich für ein Restaurant für die Totenwache entschieden? Sie befinden sich beide in der Nähe. Du kannst auf dem Weg dorthin vorbeischauen und alles vorbereiten, wie das Menü und so weiter.“

„Zu 'Enei' gehen“, schrieb ich.

Ich konnte es nicht ertragen, die Leute für die Totenwache in ein „Eurohotel“ einzuladen, also entschied ich mich für „Enei“. Enei ist der ukrainische Name für Aeneas, den trojanischen Helden der *Ilias* von Homer und der *Aeneis* von Vergil. Er ist auch eine komische Figur in der ukrainischen Kultur, denn eine Version seiner Abenteuer wurde im 18. Jahrhundert als burleskes Spottgedicht verfasst, und jedes Schulkind kennt es, wenn nicht aus Ivan Kotlyarevskys urkomischem und gewagtem Original, so doch zumindest aus einer neueren Zeichentrickversion. Das Gedicht verwandelt die klassischen Helden in umherziehende ukrainische Kosaken, die, wenn sie sich nicht gerade betrinken, ständig auf der Jagd nach Abenteuern sind. Ich dachte, mein Bruder wäre mit einer Totenwache in einem Etablissement einverstanden, das nach einem schurkischen, aber liebenswerten Landstreicher benannt ist.

Ich erinnerte mich daran, dass ich das letzte Mal in meiner Heimatstadt Restaurants besucht und Menüs ausgesucht hatte, als ich Yura, meinem anderen Bruder, bei der Organisation seiner Hochzeit half. Ich war überrascht, wie ähnlich einige der Rituale waren: mit dem Priester sprechen, Blumen aussuchen, ein Restaurant finden, das Menü auswählen, Leute einladen. Eine Beerdigung ist, wie eine Hochzeit, eine gesellschaftliche Angelegenheit.

„Dann musst du zu diesem oder jenem Amt gehen, um die Sterbeurkunde deines Bruders zu erhalten", fuhr Liuba fort.

„Können wir das nicht nach der Beerdigung machen?", fragte ich.

„Nein, du brauchst es für die Beerdigung", erklärte sie geduldig.

Ich schrieb: „Totenschein besorgen. Dringend. Bitte Yura, Brot zu kaufen und es dem Priester zu bringen." Der Zeitplan wurde mir zu viel, als dass ich ihn allein hätte bewältigen können. Yura war bei mir, und ich war froh, dass ich ihm wenigstens einen Teil der Aufgaben übertragen konnte.

Als wir beim Amt ankamen, bat mich eine Frau in einem Pelzmantel, die ihre Mittagspause extra für uns unterbrochen hatte, den Pass meines Bruders auszuhändigen. Ich tat wie geheißen. Sie nahm ihn und verstaute ihn in einer ihrer Schubladen.

„Werden Sie ihn uns nicht zurückgeben?", fragte ich.

Ich wollte nicht einmal das kleinste Stück Papier, das meinem Bruder gehörte, loslassen. Vor allem seinen Pass!

„Nein, wir müssen ihn zu den Akten legen", erklärte sie.

Pässe waren für meine Familie sehr wichtig. Einwanderer werden zum Synonym für ihre Pässe, ob sie es wollen oder nicht. Das kleine Buch wird zur Eintrittskarte ins Ausland und zur ständigen Erinnerung an das Heimatland. Es wird Teil der eigenen Identität. Wenn man in der Warteschlange an der Grenze steht, lernt man, die Pässe anderer Leute zu erkennen, indem man einfach auf den Gesichtsausdruck der Zollbeamten achtet. Wenn sie lächeln, muss der Passinhaber aus der EU oder anderen „zivilisierten Staaten" kommen; wenn sie die Stirn runzeln und die Seiten umblättern, als ob sie nach einer geheimen Information suchen, ist der Passinhaber wahrscheinlich „einer von uns", einer der besonderen Menschen aus einem dieser armen, verdächtigen Länder, mit einem Pass, der beim Reisen durch die Welt eher hinderlich als hilfreich sein kann.

Ich wollte den Reisepass meines Bruders behalten. Mit seinen Stempeln und Visa würde er mich an sein Leben in Westeuropa erinnern, an die vielen Abenteuer meines eigenen Aeneas. Aber es ist nun einmal so, dass ein Reisepass seine Gültigkeit verliert, wenn die Person, der er gehört, nicht mehr lebt, und dass er abgelegt werden muss. Also gab ich ihn der Frau im Pelzmantel zurück und erhielt dafür eine Sterbeurkunde. Sie war ein schlechter Ersatz für den Reisepass; sie hatte keine Geschichte zu erzählen. Zumindest war ihre Geschichte nicht so abenteuerlich und aufregend wie die des Reisepasses. Es schien nicht das richtige Ende für die Geschichte meines Aeneas zu sein.

Mehrere weitere Büros, weitere Fahrten zum Leichenschauhaus und zum Restaurant, Millionen von Telefonaten und eine weitere schlaflose Nacht später war der Montag endlich vorbei.

# Nachruf

Als wir nach dem Besuch des Leichenschauhauses, des Amtes und des Restaurants in die Mietwohnung zurückkehrten, fand ich viele Beileidsbekundungen auf meinem Telefon. Ich fand auch einige Facebook-Posts, in denen ich markiert war. Sie enthielten Nachrufe, die in den regionalen Zeitungen erschienen waren. Nachdem ich die privaten Nachrichten beantwortet hatte, begann ich, die Nachrufe zu lesen.

Es stellt sich heraus, dass man viele Dinge aus Nachrufen lernen kann. Sogar Dinge, die nicht passiert sind. Das waren natürlich die interessantesten Passagen. Menschen, die Nachrufe schreiben, müssen den Druck verspüren, die Themen ihrer Texte so inspirierend und wichtig wie möglich zu gestalten. Aber, seien wir ehrlich, nur wenige von uns sind besonders inspirierend und noch weniger sind wichtig. Also bleibt ihnen nichts anderes übrig, als Dinge zu erfinden, zu verschönern.

Nachrufe auf Gefallene, die auf dem Schlachtfeld gefallen sind, scheinen immer nach demselben Muster zu verlaufen. Im ersten Absatz werden die grundlegenden Fakten genannt: Der Betreffende diente in dieser oder jener Einheit und war in diesem oder jenem Alter, als er an diesem oder jenem Ort starb, während er seine Pflicht zur Verteidigung des Heimatlandes erfüllte. Im zweiten Absatz geht es darum, wie menschlich der gefallene Soldat war. Er soll uns dazu bringen, uns mit ihm oder ihr zu identifizieren. Das kann ein Zitat eines Verwandten oder eines Freundes sein. „Er war ein begabter Künstler"; „Sie hatte drei kleine Kinder" – wenn eine Frau stirbt, werden in der Regel die Kinder hervorgehoben, nicht ihr Beruf oder ihre militärischen Verdienste.

„Er liebte seine Heimatstadt." Das war eine Zeile in den meisten Nachrufen auf meinen Bruder. Es stimmt, Wolodja liebte Lwiw aufrichtig. Er konnte nicht verstehen, warum ich nicht zurückziehen wollte. Ich erklärte ihm, dass ich das Gefühl hatte, aus der Stadt herausgewachsen zu sein, so wie man aus seinen Lieblingskleidern aus der Kindheit herauswächst: Man liebt sie immer noch und möchte sie nicht aufgeben, aber man kann sie nicht mehr tragen. Ich erklärte ihm, dass das Lwiw unserer Kindheit nicht das Lwiw von heute war. Er sah das anders. Ich glaube, für ihn war Lwiw das, was er sich in seiner Vorstellung davon machte.

Wie ich lebte auch mein Bruder viele Jahre lang nicht in Lwiw. Meistens in den Niederlanden, aber aus irgendeinem Grund stand in den Todesanzeigen, dass er in Belgien gelebt habe. Es braucht nur den ersten Reporter, der einen Fehler macht, damit alle anderen ihn nachdrucken. Die Überprüfung der Fakten schien diesen Nachrufschreibern nicht sonderlich wichtig zu sein, also verlegten sie meinen Bruder von den Niederlanden nach Belgien. Aber was macht es schon für einen Unterschied, ob es sich um ein reiches westeuropäisches Land oder ein anderes handelt? Für die meisten Menschen, die diese Nachrufe lesen, stehen Belgien oder die Niederlande für dasselbe: den Westen, ein Leben in Wohlstand, keinen Krieg und keine Notwendigkeit, in den Krieg zu ziehen.

Westeuropa war ein perfekter Schauplatz für den dritten Absatz, dem über die heroische Entscheidung, an die Front zu gehen. Damit die Entscheidung, in die Armee einzutreten, heldenhaft ist, muss man etwas zurücklassen können: Wenn man nichts Wertvolles hat, das man zurücklassen kann – kleine Kinder, einen schicken Job, ein gemütliches Leben in Westeuropa -, dann hat man auch nichts Wertvolles zu verlieren. Abgesehen von deinem Leben, aber das ist von zweifelhaftem Wert. Du kannst genauso gut an die Front gehen. Daran ist nichts Heldenhaftes. Der dritte Absatz im Nachruf meines Bruders lautete also wie folgt:

„Er lebte längere Zeit im Ausland – in England und Belgien. Obwohl er im Ausland eine gute Arbeit hatte, scheute er sich nicht, in sein Heimatland zurückzukehren, um im Osten zu kämpfen, sobald er konnte. Denn jeder von uns sollte Verantwortung für die Zukunft unseres Landes übernehmen."

Oder etwas in dieser Richtung.

Abgesehen vom Pathos wäre dies ein passender Absatz für einen Nachruf. Das einzige Problem dabei war, dass fast nichts davon korrekt war. Erstens lebte er, wie wir bereits festgestellt haben, in den Niederlanden. Das Vereinigte Königreich besuchte er zweimal, und ich weiß nicht einmal, ob er jemals in Belgien war. Zweitens hatte er keinen guten Job im Westen. Den haben nur wenige Einwanderer, vor allem solche aus ärmeren Ländern wie der Ukraine. Es sei denn, Ihre Vorstellung von einem guten Job besteht darin, mit einem unsicheren Vertrag den Mindestlohn zu bekommen, weil immer eine Schlange anderer Einwanderer bereit ist, Sie zu ersetzen, 20 Kilometer mit dem Fahrrad zur Arbeit zu fahren, weil Sie Fahrtkosten sparen wollen, und sich regelmäßig fremdenfeindliche Beschimpfungen von Ihrem Arbeitgeber anzuhören, weil... Nun, ich weiß nicht, warum die Leute sich genötigt fühlen, fremdenfeindliche Dinge zu Einwanderern zu sagen, die tatsächlich für sie arbeiten, aber sie tun es. Aber wenn man einen solchen Job aufgibt, oder wenn man - Gott bewahre - überhaupt keinen Job hat, bevor man sich zum Militärdienst meldet, oder wenn man - ein noch erschreckenderer Gedanke - zum Militär geht, *weil* man keinen Job hat und der Militärdienst eine Möglichkeit ist, seinen Lebensunterhalt zu verdienen, dann wird das in seinem Nachruf nicht gut aussehen.

Die dritte und vielleicht frustrierendste Ungenauigkeit war, dass er nicht zurückgekehrt war, um sein Mutterland zu verteidigen. Das hätte er vielleicht getan, wenn er zu Beginn des Krieges noch im Ausland gelebt hätte, aber er war schon einige Jahre früher zurückgekehrt. Und warum? Warum kehren viele Einwanderer zurück? Weil sie das Leben eines Einwanderers satt haben, der sich nie einfügt, nie ganz dazugehört; weil sie es satt haben, dass ihr Name von den Einheimischen nie richtig ausgesprochen wird, selbst von denen, die sich Mühe geben, selbst von denen, die ihn mit Liebe aussprechen. Denn viele Einwanderer hält nichts im Ausland. Weil sie sich in ihrer Abwesenheit das Land ihrer Jugend genau so vorstellen, wie sie es haben wollen, unabhängig davon, wie es tatsächlich ist. Aus Millionen von ganz gewöhnlichen Gründen, die nichts mit der Verteidigung des Heimatlandes oder mit Heldentum zu tun haben.

Und schließlich hatte er sich nicht sofort bei Kriegsbeginn gemeldet. Aus irgendeinem Grund traf sein Einberufungsbescheid nicht ein, obwohl er damit gerechnet hatte; er dachte eine Weile über seine Entscheidung nach – was nur vernünftig ist, wenn die Entscheidung ein potenziell tödliches Ergebnis hat – und meldete sich schließlich freiwillig an der Front. Er zog seine alte Armeeuniform an (die er als Wehrpflichtiger in den 1990er Jahren getragen und als Andenken aufbewahrt hatte), meldete sich beim örtlichen Rekrutierungsbüro (demselben, in dem er als junger Mann eingezogen worden war) und gab an, dass er an die Front gehen wolle. Das alles erfuhr ich erst viel später von den Leuten im Militärkommissariat. Mein Bruder schien sie sehr beeindruckt zu haben: Sie erinnerten sich alle an diese Szene und erzählten sie meiner Mutter und mir begeistert, als wir den Tapferkeitsorden abholten, der ihm posthum verliehen worden war.

Da haben Sie es also: ein kurzer Absatz und mindestens vier Ungenauigkeiten. Die Nachrufe zeichneten ein sehr eindeutiges Bild eines erfolgreichen Mannes in seinen besten Jahren, der alles stehen und liegen ließ und sich beeilte, sein Leben für sein Heimatland aufzugeben. Ich hätte wohl stolz sein müssen, als ich das las. Das einzige Problem war, dass ich meinen Bruder in dieser Beschreibung nicht wiedererkannte. Es ist nicht so, dass er nicht mutig war oder sich nicht um sein Heimatland kümmerte. Das war er und das tat er. Es ist nur so, dass die Dinge viel prosaischer waren. Und wenn ich ihn in dieser Beschreibung nicht wiedererkannte, wenn er nicht ihr gemäß gelebt hätte (oder gestorben wäre?), bedeutete das, dass ich nicht stolz auf ihn sein sollte, weil seine Geschichte nicht in die Vorlage des Helden passte?

Ach ja, die Vorlage. Für die Beschreibung eines Heldentodes ist in der Regel ein gewisser Spielraum vorhanden. Denn der Verlust des Lebens eines Soldaten muss als heldenhaft beschrieben werden – nicht als tragischer Fehler, als Unfall, als Katastrophe, sondern als selbstloser Akt des Heldentums. Die Sache ist die, dass das Sterben an der Front oft wenig heroisch ist. Der Freund meines Bruders, der kurz vor seinem Tod als Letzter mit ihm telefonierte, sagte, das Letzte, was er ihn habe sagen hören, sei *„Suka! Bliad'!"*, was man grob mit „Scheiße! Fuck!" übersetzen kann. Sie planten gerade den Urlaub meines Bruders, der in ein paar Tagen anstand, und dann hörte er einige Explosionen im Hintergrund und meinen Bruder *„Suka! Bliad'!"* ausrufen. Und dann war die Verbindung unterbrochen. Nicht gerade etwas für einen Nachruf, oder? Etwas für das Leben, etwas für den Tod, aber nicht für einen Nachruf.

Als ich die Nachrufe auf meinen Bruder las, fragte ich mich: Wenn es die Realität nicht in die Nachrufe schafft, was dann? Diese Ungenauigkeiten mögen wie unschuldige Ausschmückungen erscheinen, ein journalistischer Trick, um gewöhnliche Menschen ein wenig außergewöhnlicher erscheinen zu lassen. Aber warum ist ein uninteressantes und unbedeutendes Leben, das in einem Krieg verloren wurde, keine Erwähnung in den Nachrichten wert? Und überhaupt: Wessen Leben halten wir für wertvoll und wessen für so entbehrlich, dass es keinen Nachruf wert ist? Der Krieg in der Ostukraine hat viele Menschenleben gekostet, und alles, was von ihnen übrigbleibt, ist die Erinnerung an sie. Aber welche Art von Erinnerung schaffen wir für sie mit unseren kleinen Notlügen?

Ich fragte mich, ob die Journalisten, die sie schrieben, sich darüber im Klaren waren, dass ein anderer Soldat oder eine andere Soldatin, der oder die einen geschönten Text liest und feststellt, dass sein oder ihr Leben nicht so war wie das, das dort beschrieben wird, sich selbst für wertlos halten könnte. Ob sie darüber nachgedacht haben, wie es für die Angehörigen sein könnte, einen Nachruf zu lesen und ihren Angehörigen hinter all den Ausschmückungen nicht wirklich zu erkennen? Das hilft nicht bei der Trauerbewältigung.

Als ich die Nachrufe meines Bruders las, graute es mir vor dem Gedanken, was in meinem eigenen stehen würde. Aber ich gab mein Leben in Westeuropa nicht auf, um mein Heimatland zu verteidigen, also wäre ich vielleicht gar nicht würdig für einen Nachruf. Vielleicht ist das auch ganz gut so.

# *Zauberer*

*Mein Bruder ist viele Wege gegangen, bevor er über sein endgültiges Ziel gestolpert ist, und jeder war verworrener als der vorherige. Soll ich glauben, dass jeder Weg, den er eingeschlagen hätte, ihn unweigerlich zum selben Ziel geführt hätte? Wie soll ich aufhören zu glauben, dass er der tödlichen Umarmung des östlichsten Teils des Kontinents entkommen wäre, wenn er im nicht so einladenden, aber relativ sicheren Westeuropa geblieben wäre?*

*Die hellen Lichter einer wohlhabenden Großstadt zogen ihn nur kurz an, bevor er ihrer überdrüssig wurde. Wie bei allen neuen Dingen währt unsere Begeisterung für neue Orte nur so lange wie die Neuheit. Sobald wir sehen, was sich hinter der Schaufensterdekoration verbirgt, sobald wir beginnen, die Bedeutung der fremden Worte zu verstehen, die wir um uns herum hören, sobald sich unsere Augen an die unbekannten Gesichter gewöhnt haben, stellen wir fest, dass sich der neue Ort kaum von dem alten unterscheidet, und wir suchen nach neuen Entdeckungen.*

*Mein Bruder konnte es nicht ertragen, ständig an sein Fremdsein erinnert zu werden. Bei ihm geschah das nicht in der herablassenden Art, in der ich oft exotisiert werde, sondern in dieser plumpen „Wir wollen dich hier nicht haben, Ausländer"-Weise. Und so ging er immer weiter weg von Menschen und Orten, erforschte sich selbst und entdeckte neue Wege. Bis sein Weg zu einem Ende kam.*

*Ich versuchte oft, in Gedanken seiner Spur nach Amsterdam zu folgen, wo er lebte, sich verliebte und Kunst machte. Ich versuchte zu verstehen, wie er zurück in die Ukraine und in den Krieg kam. Ich habe nur Bruchstücke von Gesprächen, an die ich mich erinnere, und die Zeichnungen, die er hinterlassen hat, als Grundlage für diese Neuinterpretation seines Lebens. Ich denke mir meine eigenen Geschichten aus, um einen Sinn in seinem Leben zu finden. Hier ist eine von ihnen.*

*Es waren einmal drei Freunde: der Zauberer, die Katze und der Adler. Oder waren sie in Wirklichkeit eine einzige Person? Das wusste niemand. Und es war auch nicht wichtig. Selbst wenn sie zu dritt waren, hätten sie genauso gut ein und dieselbe Person sein können, denn wohin sie auch gingen, sie gingen zusammen. Jeder erfüllte eine Funktion, auf die sich die anderen beiden verließen: Die Katze war diejenige, die Trost und Bindung suchte, die ein gemütliches Plätzchen finden wollte, das sie ihr Zuhause nennen konnte; die Aufgabe des Adlers war es, das große Ganze zu sehen, sich hoch zu erheben und die anderen beiden daran zu erinnern, dass alles unter ihnen klein und unbedeutend war, einschließlich ihrer selbst, damit sie nicht aneinander gebunden waren. Der Zauberer war der weise und furchtlose Mann. Seine Aufgabe war es, die Wege auszuwählen, die die drei gehen würden.*

*Einmal fanden sie sich in einer großen Stadt wieder. Sie wanderten von einem Viertel zum anderen, entlang der Kanäle, auf der Suche nach einem Platz, an dem sie sich niederlassen konnten. Gekleidet in seinen langen Mantel, der mit einem einfachen Seil zusammengehalten wurde, einen hohen Hut auf dem Kopf und einen langen Spazierstock in der rechten Hand, sah der Zauberer nicht wie einer der Einheimischen aus. Er blickte nur selten unter seinem Hut hervor. Die meisten Leute sahen nur sein langes Haar, seinen Bart und seinen Schnurrbart, der von der Hutkrempe verdeckt wurde.*

*Sie zogen durch die Stadt, klopften an Türen und fragten, ob die Bewohner der bunten Häuser ein Zimmer für sie hätten. Einige sagten: „Tut mir leid, mein Freund, alles ist besetzt“, ohne die Tür zu öffnen, andere hörten dem Zauberer zu, aber als sie seinen unbekannten Akzent hörten, schlugen sie ihm schnell die Tür vor der Nase zu. Es gab auch welche, die ihn nicht einmal seinen Satz beenden ließen und sagten: „Warum bist du in unsere Stadt gekommen? Geh dahin zurück, wo du hergekommen bist!“*

*Und so gingen sie weiter. Eine lange Zeit verging, und sie zogen durch ein Viertel nach dem anderen der großen Stadt. Bis sie eines Tages am Stadtrand eine seltsame Siedlung sahen, die so gar nicht nach etwas aussah, was sie bisher kennengelernt hatten. Die Bewohner der Siedlung waren ein Haufen Außenseiter, Ausgestoßene und Exzentriker. Dazu gehörten Feen, Kobolde, Elfen, Werwölfe – ziemlich zahm, wie sich herausstellte – und ein Vampir, der sein Schloss in Transsylvanien verkauft, sich verkleidet und nach seiner Pensionierung dort niedergelassen hatte.*

*Der Zauberer wusste, dass sie den richtigen Ort gefunden hatten. Jeder dort hatte einen seltsamen Akzent, der nicht wie der Akzent der Einheimischen klang. Niemand sagte ihnen, sie sollten dorthin zurückgehen, wo sie herkamen. Sie waren alle von irgendwoher gekommen, und dies war nun ihr Zuhause.*

*Die Jahre vergingen, und die drei verbrachten glücklich ihre Tage in der Siedlung am Rande der großen Stadt. Der Zauberer fand Zeit, sich wieder seiner großen Leidenschaft zu widmen: der Malerei. Er malte die Feen, die Kobolde, die Elfen und sogar die Werwölfe. Der Vampir war der beste Darsteller. Er konnte jahrhundertelang stillhalten, wenn es sein musste.*

*Eines Tages stolperte eine junge einheimische Hexe in die Siedlung. Mit ihren langen roten Locken erhellte sie den Ort. Der Zauberer beschloss sogar, ihr Porträt auf seine größte Leinwand zu malen, und sie lernte, die Sprache des Zauberers zu sprechen.*

*Die nächste Zeile könnte lauten: „und sie lebten glücklich bis ans Ende ihrer Tage." Aber das passiert nur im Märchen, nicht im echten Leben der Zauberer. Im wirklichen Leben wartete ein neuer Weg auf den Zauberer. Es war an der Zeit, ihn zu entdecken.*

*Und so machen sich der Zauberer, die Katze und der Adler auf den Weg, um durch immer neue Länder zu wandern und viele neue Gesichter zu treffen und zu malen. Aber wenn man so lange wandert, kehrt man zwangsläufig dorthin zurück, wo man angefangen hat. Und als das geschah, als sie sich in der Stadt wiederfanden, die sie vor vielen Jahren verlassen hatten, lange bevor sie die große Stadt entdeckten, beschloss der Zauberer, dass es für ihn an der Zeit war, sein letztes Kunstwerk zu schaffen: Er malte die drei.*

*Das Bild zeigte sie so, wie sie viele Jahre zusammen verbracht hatten: der Zauberer in Mantel und Hut, mit einem langen Spazierstock, die Katze neben ihm, der Adler im Flug über ihnen, ein langer, gewundener, vertrauter Weg hinter ihnen. Sie waren gerade an einem Straßenschild vorbeigekommen: Auf dem Schild, das in die Richtung zeigte, aus der sie gekommen waren, stand „Leben". Sie gingen weiter.*

## Die Beerdigung, Teil III

Der Dienstag war der Tag der Beerdigung. Wir folgten dem Zeitplan, den Liuba uns gegeben hatte und den ich in meinem Notizbuch notiert hatte. Wir trafen uns in der Leichenhalle und fuhren im Leichenwagen zusammen mit dem Sarg zur Kirche.

Die Garnisonkirche St. Peter und Paul ist ein beeindruckender Ort. Sie wurde im frühen 17. Jahrhundert im Barockstil erbaut und überlebte den Ikonoklasmus der Sowjetzeit, weil sie als Bücherdepot diente. Weder meine Mutter noch ich hatten die Kirche in der Vergangenheit besucht, da sie erst 2011 wiedereröffnet wurde, als sie der griechisch-katholischen Kirche und dem ukrainischen Militär übergeben wurde. Sie wurde am 6. Dezember eingeweiht: dem Tag der ukrainischen Streitkräfte und zufälligerweise dem Geburtstag meines Bruders. In der Vergangenheit hatte die Kirche als Garnisonskirche für die Stadt gedient, und auch nach ihrer Restaurierung diente sie weiterhin dem Militär. Hier finden die Begräbnismessen für die im Krieg im Donbas gefallenen Lwiwer Soldaten statt.

Neben dem Gold und den Fresken des barocken Innenraums enthält die Kirche Ausstellungsstücke zum aktuellen Krieg: ein Birkenkreuz, das ursprünglich an der Front gestanden hatte, eine große Granatenhülle, Fotos von Kindern gefallener Soldaten. Es gab auch Fotos von Soldaten aus Lwiw, die im Krieg gefallen waren. Sie waren an eine Pinnwand geheftet, die offensichtlich nach und nach mit immer mehr Bildern ergänzt wurde. Bei der Durchsicht der Bilder fanden wir ein Foto meines Bruders. Er trug Zivilkleidung, hatte eine Sonnenbrille auf dem Kopf, und seine geliebte Stadt diente als Hintergrundkulisse. Ich war dankbar für einen kleinen Segen; ich fand Fotos von ihm in Uniform befremdlich und wollte ihn lieber so sehen, wie ich ihn kannte – als Zivilist.

Wir verließen das Auto und sahen zu, wie eine Gruppe junger Männer in Uniform den Sarg anhob und in die Kirche trug. Das hatte ich nicht erwartet. Ich dachte, das Ganze würde eine ruhige Familienangelegenheit sein. Als sie die Kirche betraten, konnte ich nicht glauben, wie viele Menschen dort drinnen waren. Ich erkannte einige der Gesichter, aber die meisten waren uns nicht bekannt. Es stellte sich heraus, dass die Einwohner der Stadt zu den Beerdigungen der im Osten gefallenen Soldaten kamen, auch wenn sie sie nicht persönlich kannten. Die Kirche war voll.

Die jungen Männer in Uniform standen während des gesamten Gottesdienstes neben dem Sarg Wache. Einer von ihnen hielt ein Porträt meines Bruders. Ich konnte sein Gesicht auf dem Porträt und in dem offenen Sarg sehen. Ich wusste nicht, welches von beiden sich realer anfühlte. Keiner von beiden sah wirklich wie mein Bruder aus. Die ganze Zeremonie war sehr förmlich. Ich hatte Mitleid mit diesen jungen Männern: was für eine seltsame Sache für einen Kadetten. Andererseits, wenn sie Soldaten werden wollten, sollte es vielleicht ein obligatorischer Teil ihrer Ausbildung sein, bei der Beerdigung eines anderen Soldaten Wache zu stehen. Vielleicht können sie dann wirklich entscheiden, ob diese Berufung etwas für sie ist.

Ich wollte mich dem Sarg nähern, aber die Kirche voller Fremder und die jungen Männer, die Wache standen, machten es eher unangenehm. Das Unangenehmste war jedoch die Anwesenheit der Medien. Sie schienen überall zu sein: Sie filmten und machten Fotos. Ein Teil von mir hatte Mitleid mit ihnen: Wie findet man einen guten Winkel, gutes Licht usw., um gute Aufnahmen von einer Beerdigung in einer düsteren alten Kirche zu machen? Aber hauptsächlich ärgerte ich mich. Mit ihren Scheinwerfern und Kameras verwandelten sie einen der intimsten Momente – einen letzten Abschied – in etwas, das einer Theatershow glich. Ich wusste, dass es ihr Job war, aber das Letzte, was meine Familie und ich brauchten, war gefilmt zu werden, während wir von der Trauer zerrissen wurden.

Der Gottesdienst endete und der zweite der drei Momente, die ich am meisten fürchtete, kam: das Schließen des Sarges. Meine Mutter verabschiedete sich, kurz bevor sie den Sarg schlossen, aber ich konnte nicht. Meine Beine fühlten sich an, als ob sie aus Blei wären. Ich wollte nicht, dass die Journalisten unseren letzten Abschied fotografierten. Als sie den Sarg schlossen, wollte ich schreien: „Nein! Nicht! Noch nicht!", aber ich konnte kein Wort sagen. Ich stand einfach nur da und sah zu, wie sie den Sarg schlossen, ihn anhoben und aus der Kirche trugen.

Das Nächste, woran ich mich erinnere, ist, dass meine Mutter vor der Kirche von einem Mann mit einem riesigen Strauß weißer Rosen angesprochen wurde. Ich erkannte den Bürgermeister der Stadt und grub meine Finger in seinen Arm, als er die Blumen loslassen wollte. Ich weiß nicht mehr genau, was ich zu ihm sagte, aber es war nicht „Danke für die Rosen". Ich wollte, dass er wenigstens einen Bruchteil unseres Schmerzes empfindet, als Gegenleistung für die Fotos mit der trauernden Familie des toten Soldaten, die sein PR-Manager gutheißen würde.

Wir fuhren in einem Leichenwagen zum Friedhof. Dort sitzend, nicht weit vom Sarg entfernt, hatte ich zum ersten Mal in meinem Leben Angst vor dem Sterben. Ich hatte Angst. Als wir am örtlichen Büro für Kriegsveteranen vorbeikamen, sahen wir Menschen, die eine mehrere Meter lange Fahne hielten. Das war ihre Art, sich von einem der ihren zu verabschieden.

Wir erreichten die Tore des berühmtesten Friedhofs der Stadt. Er war mir aus meiner Kindheit so vertraut. Ich ging dort gerne zwischen den alten polnischen, österreichischen, ukrainischen und russischen Gräbern spazieren. Es war immer eine Lektion in Geschichte unter freiem Himmel. Auch mein Bruder ging dort gerne spazieren. Er erzählte mir sogar einmal eine lustige Geschichte, als er und seine Kumpels beschlossen, den Friedhof nachts zu besuchen. Auf dem Weg zwischen den Gräbern begegneten sie einer alten Frau. Um ihre Angst zu überwinden und um vor den anderen anzugeben, fragte einer von ihnen:

„Welches Grab gehört Ihnen, Ma'am? Dieses oder jenes!"

„Meins ist dort drüben, junger Mann", sagte die alte Frau, zeigte auf ein Grab in der Nähe und ließ die kleinen Bälger entsetzt zurück.

Diese Geschichte brachte mich immer zum Lachen. Ich erinnerte mich an sie, als ich den Friedhof betrat.

Keiner von uns hätte sich je träumen lassen, auf dem bekanntesten Friedhof der Stadt begraben zu werden. Als ich hinter dem Leichenwagen an den Gräbern berühmter Komponisten, Dichter, Militärgeneräle und politischer Führer vorbeiging, fiel es mir schwer zu glauben, dass mein Bruder für die Ewigkeit unter ihnen sein würde.

Der Lytschakiwski-Friedhof ist ein merkwürdiger Ort. Ein ganzer Teil des Friedhofs ist für verschiedene Militärgräber vorgesehen. Zu den Gräbern der Soldaten der Ukrainischen Volksrepublik und der Ukrainisch-Galizischen Armee, die während und nach dem Ersten Weltkrieg kämpften, einer Gedenkstätte für den unbekannten Soldaten der Waffen-SS-Division „Galizien", einer Einheit, die aus Ukrainern bestand, aber im Zweiten Weltkrieg zur deutschen Wehrmacht gehörte, und den Gräbern von Kämpfern des ukrainischen nationalistischen Widerstands während desselben Krieges ist die neue Abteilung für die Toten des aktuellen Krieges hinzugekommen. Darüber hinaus befindet sich dieses militärische Pantheon in unmittelbarer Nähe des Friedhofs der „Lwów Eaglets", der jungen polnischen Aufständischen der Schlacht um Lwiw 1918-1919, sowie eines Abschnitts mit den Gräbern der im Zweiten Weltkrieg gefallenen Rotarmisten. Diese Armeen kämpften einst gegeneinander: die Ukrainer gegen die Polen, die Sowjets gegen die Ukrainer, und so weiter.

Es ist ein gewisser Trost zu wissen, dass diese einstigen Feinde jetzt im Tod versöhnt sind, auch wenn sie getrennt auf verschiedenen Abschnitten des Friedhofs liegen. Doch wenn man ein wenig weiter geht, entdeckt man eine weitere Grabstätte, wo sich die Gräber der Kämpfer des polnischen Novemberaufstands von 1830-1831 befinden. Sie enthält Gedenktafeln mit einer Inschrift aus Vergils *Aeneis* (diesmal das Original, keine Parodie): „Aus meinem Staub, unbekannter Rächer, erhebe dich!" Die Inschrift ist über hundert Jahre alt, aber ihre Botschaft hat nichts von ihrer Kraft verloren.

„Ehrengrab Nr. 76", das hatte ich während meines Gesprächs mit Liuba am Flughafen in meinen Notizblock geschrieben. Kurz bevor wir diesen Teil des Friedhofs erreichten, hielt der Leichenwagen an. Die jungen Männer in Uniform wurden noch einmal aufgerufen, um den Sarg zu tragen. Als ob das Ganze nicht schon herzzerreißend genug wäre, hörten wir plötzlich ein ukrainisches Volkslied aus den Lautsprechern. Ich kannte das Lied gut: Es handelt von einem Mann, der seinen Tod in einem Krieg voraussieht und seine Mutter bittet, ihn nicht zu schelten. Das Lied war bei den Beerdigungen der Dutzenden von Demonstranten gespielt worden, die während der Maidan-Proteste 2013/14 von der Bereitschaftspolizei ermordet worden waren. Es wurde während der Zeremonien gespielt, die von Tausenden besucht und von Millionen im Fernsehen und im Internet verfolgt wurden, und es wurde auch mit den jüngsten Kriegsopfern in Verbindung gebracht. Es war das inoffizielle nationale Klagelied geworden.

Das Lied endete. Wir näherten uns dem Grab. Mein Onkel, der vor vielen Jahren sein Augenlicht verloren hatte und nichts von alledem sehen konnte, dessen Herz aber genauso gebrochen sein musste wie das meiner Mutter oder mein eigenes, begann zu schreien: „Helden sterben nie! Helden sterben nie!" Andere griffen diesen Ruf auf, und nun marschierten die Uniformierten zu diesem Ruf. Im Laufe der Kriegsjahre im Donbas wurde dieser Ruf zu einem weit verbreiteten Schrei des Trotzes. Ich wusste, dass mein Onkel und die Leute, die sich ihm anschlossen, es gut meinten, aber ich wollte schreien: „Halt! Er *ist* tot! Sie sind dabei, ihn in ein Grab zu stecken!" Dies war der dritte der drei Momente, die ich am meisten fürchtete.

Nach dem Abspielen der Nationalhymne und dem Salut, der weiter oben auf einem Hügel abgefeuert wurde (weit genug entfernt, um die Schützen nicht zu sehen, aber nahe genug, um die Schüsse zu hören), wurde der Sarg heruntergelassen und mit Erde bedeckt. Ich hielt mich an meiner Mutter fest und versuchte, sie zu stützen, aber sie stützte schließlich mich.

Mehr Fotografen, mehr Journalisten. Eine von ihnen kam auf mich zu und bat mich, vor der Kamera zu sprechen. Ich murmelte etwas davon, dass das kein guter Zeitpunkt sei. Sie beharrte darauf. Ich beschimpfte sie und sagte ihr, sie solle mich in Ruhe lassen. Das nächste, was ich weiß, ist, dass sie meine Mutter interviewte. Zwei Lokalpolitiker traten an mich heran und gaben mir ihre Visitenkarten. Sie sagten, dass es angesichts des Themas meiner Forschung nützlich sein könnte, mit ihnen in Kontakt zu bleiben. Ich hatte keine Ahnung, wie in aller Welt meine Forschung für sie von Interesse sein könnte, oder wie sie den Nerv hatten, an einem Grab Visitenkarten auszutauschen. Ich schätze, dass sie, genau wie die Journalisten, ihren Job gemacht haben.

Und dann war plötzlich alles vorbei. Die jungen Männer in Uniform bekamen den Befehl zum Abmarsch. Die anderen Beamten verschwanden zusammen mit dem Leichenwagen. Am Grab war nur die engste Familie anwesend. Liuba kam zu mir, um sich zu verabschieden und mich daran zu erinnern, dass wir sie jederzeit anrufen könnten. Wieder meinte sie es ernst.

Das Beerdigungstheater war vorbei, und nun begann das eigentliche Stück. Eine meiner Tanten begann ein Lied zu singen, das in der Ukraine traditionell in der Fastenzeit gesungen wird und von Maria handelt, die am Kreuz steht und ihren Sohn sterben sieht. Ein wunderschönes Klagelied. Meine Mutter brach schließlich in Tränen aus. Zu Recht. Sie hatte sich zusammengerissen, wenn andere dabei waren. Jetzt, wo nur ihre engsten Vertrauten an ihrer Seite waren, konnte sie ihre Gefühle zeigen. Ich begann, einen seltsamen Frieden zu empfinden. Den ganzen Tag hatte ich mich mit einer Reihe von Fragen herumgeschlagen: Hätte meinem Bruder diese pompöse Beerdigung gefallen? Hätte er eine kirchliche Trauerfeier gewollt? Hätte es ihm gefallen, in der Ehrengrababteilung Nr. 76 beerdigt zu werden? Hätte er den militärischen Salut gutgeheißen? Aber jetzt ließ ich sie gehen. Das alles spielte keine Rolle mehr. Dies war das Ende.

Ich wollte das Grab nicht verlassen, aber es war Zeit, zur Totenwache zu gehen, zum „Enei“, dem günstigen Restaurant in der Nähe, das nach dem liebenswerten Schurken benannt war. Ich wollte mich hinsetzen und mich an das Leben meines Bruders mit Menschen erinnern, die ihn so kannten, wie er wirklich war.

Am nächsten Tag würden wir aufstehen, unseren Kaffee trinken und das Grab besuchen. Danach würde ich meinen Notizblock öffnen und die Aufgaben durchgehen, die noch zu erledigen waren.

# Fünfundzwanzig Aktenordner

Wie viele Seiten können fünfundzwanzig Aktenordner enthalten? Ich dachte über diese Frage nach, als meine Mutter und ich im Büro eines regionalen Sozialversicherungsdienstes saßen. Wir mussten am Tag nach der Beerdigung dorthin gehen, um noch einige Formalitäten zu erledigen. Der Tod eines Soldaten entpuppt sich als eine viel bürokratischere Angelegenheit, als sie es in den Filmen zeigen. Die fünfundzwanzig Ordner, auf die ich starrte, waren große Ringbuchordner. Sie ähnelten denen, die ich zur Aufbewahrung meiner Lehrmaterialien benutze. In sie passt eine ganze Menge Papierkram, wenn man ein effizientes Ablagesystem hat. Der Raum, in dem wir uns befanden, war nicht gerade der am besten organisierte Ort, aber diese fünfundzwanzig Ordner brachten ein Gefühl von Ordnung in den Raum. Sie waren sorgfältig beschriftet:

> Maidan-Proteste (ein Ordner).
> Vollmacht (ein Ordner).
> Kriegsopfer (ein Ordner).
> Familienangehörige von Kriegsopfern (ein Ordner).
> Kriegsveteranen (einundzwanzig Ordner).

Der Nachname meiner Mutter, derselbe wie meiner, mit der Schreibmaschine abgetippt und ausgedruckt, befand sich in einem dieser Ordner, und ihr Mädchenname, derselbe wie der meines Bruders, in einem anderen. Viele andere Namen, die ich kannte, fanden sich verstreut in diesen Ordnern. Einige davon kannte ich ganz genau: Es waren die gleichen Namen wie die meiner Klassenkameraden, meiner Nachbarn, der Kinder, mit denen ich als Kind gespielt hatte. Andere Namen waren mir nur im Vorbeigehen begegnet: Ich hatte sie in Nachrichten gehört, im Internet gelesen oder auf Grabsteinen gesehen. Jetzt wurden sie kategorisiert, sortiert und abgeheftet, um unser Leben ordentlicher zu machen, unsere Gedanken zu ordnen, uns ein Gefühl der Ordnung zu geben.

In dem Raum gab es viele Frauen, die Dinge ablegten. Ihre Schreibtische quollen über vor Papierkram. Sie mussten alles abheften. Man hatte das Gefühl, wenn sie es nicht täten, würde er den ganzen Raum einnehmen, den Korridor, auf dem die Leute warteten, mit noch mehr Papierkram überfluten und aus dem Gebäude auf die Straße strömen. Er könnte die ganze Stadt einnehmen, wenn er nicht abgeheftet würde. Es war besser, ihn in Ordnern abzulegen, wo er hingehörte. Namen, die auf den Straßen umherwandern, könnten gefährlich sein, sie könnten an Orte gelangen, wo sie nicht hingehören: in die Büros hoher Beamter, auf die Schreibtische von Journalisten, in Schulbücher. Sie könnten einzeln weiterleben, uns mitten in der Nacht aufwecken und uns an ihre Existenz erinnern, an das Leben, das sie hätten führen können, wenn sie nicht in den Akten gespeichert worden wären. Oder sie könnten sich zusammenschließen und in einer von Tag zu Tag wachsenden Zahl auftauchen und uns mit ihrer wachsenden Kraft bedrängen. Auch die Namen, die abgetippt und abgelegt wurden, lebten weiter, aber ihr Leben war ruhig und geordnet.

Ich starrte auf die fünfundzwanzig Ordner, während meine Mutter und ich darauf warteten, dass die beschäftigten Frauen unsere Namen aufriefen: ihren Nachnamen, der mit meinem Nachnamen übereinstimmte, oder ihren Mädchennamen, der mit dem Nachnamen meines Bruders übereinstimmte. Namen, die bereits in den Ordnern angesammelt waren, ausgedruckt und abgeheftet, wodurch zwei der Ordner etwas dicker und schwerer wurden.

„Khromeychuk?“, hörte ich eine strenge Frauenstimme.

„Sind Sie wegen Pawliws Fall hier?“

„Ja“, sagte meine Mutter mit schwacher Stimme.

„Hören Sie, Fräulein, sind Sie Khromeychuk oder sind Sie Pawliw?“

„Khromeychuk. Pawliw“, antwortete meine Mutter verwirrt.

„Nun, Sie müssen sich entscheiden, nicht wahr? Wir haben hier nicht den ganzen Tag Zeit, oder? Wie viele Namen kann eine Frau haben?“

Ich bemerkte, dass meine Mutter wie ein Kind aussah, das gerade ausgeschimpft worden war, und sich für etwas entschuldigen wollte, was es nicht getan hatte. Ich erkannte nicht die starke Superfrau, als die ich meine Mutter kannte. Sie hatte in jenen höllischen Tagen kaum geweint, sie hatte mich und den Rest der Familie unterstützt, sie hatte nur gelegentlich und leise wie ein verletztes Tier mitten in der Nacht geheult. Und plötzlich wollte die Frau im Büro mit den fünfundzwanzig Ordnern sie zum Weinen bringen. Das wollte ich nicht hinnehmen.

„Wissen Sie, warum wir hier sind?", fragte ich.

„Ja", rief sie zurück, wütend, aber etwas bestürzt über meine Anwesenheit an ihrem Schreibtisch.

Die meisten Menschen, die diese Ämter aufsuchen, bleiben ruhig sitzen und nehmen die Unhöflichkeit des Personals in Kauf, weil sie nicht mit leeren Händen weggeschickt werden und gesagt bekommen wollen, sie sollten morgen oder übermorgen oder nächsten Monat wiederkommen.

„Ich sehe, dass Sie verheiratet sind. Haben Sie Ihren Namen geändert, als Sie geheiratet haben? Wie die meisten Frauen in der UdSSR?", fragte ich und sah einen schockierten Blick auf ihrem Gesicht.

Wie kann ich es wagen, sie über ihr Privatleben auszufragen? Sie ist es, die sich um die Probleme anderer kümmert; ihr eigenes Leben geht niemanden etwas an!

„Ja", sagte sie, leiser als beim ersten Mal, mehr aus Überraschung als aus Höflichkeit.

„Was haben Sie denn für ein Problem mit dem Namen meiner Mutter? Sie hat ihn auch geändert, als sie geheiratet hat."

Meine Frage wurde verbal nicht beantwortet, aber die Antwort bestand in der Änderung des Verhaltens.

„Haben Sie die erforderlichen Unterlagen für uns?", fragte sie ruhig.

Ich holte die neu erworbene Sterbeurkunde, eine Kopie des Reisepasses meines Bruders und die Militärpapiere meines Bruders heraus und überreichte sie ihr. Sie bat uns, wieder zu warten.

Während wir warteten, schaute ich mir den Rest des Büros an: Der Wartebereich war mit schäbigen Stühlen ausgestattet, es gab nur einen funktionierenden Computer für das gesamte Team und nur eine Toilette für die gesamte Etage, die nicht ausgeschildert werden musste, weil man sie mit dem Geruchssinn finden konnte. Ich verstand, warum die Frau sauer auf meine Mutter war: Sie betrachtete sie als jemanden, der privilegiert war, weil sie aus dem Ausland kam. Sie kannte die Lebensumstände meiner Mutter nicht, wusste nicht, was für ein Leben sie im Ausland hatte, aber auf jeden Fall muss doch alles besser sein als die Arbeit in diesem Büro, oder? Das muss sie gedacht haben. Deshalb war sie, obwohl sie den Grund für unsere Anwesenheit kannte, so unhöflich wie üblich. Als meine Mutter meine Wut bemerkte, hielt sie meine Hand und sagte mir, ich solle mich beruhigen, es sei es nicht wert.

Wir saßen da und sahen zu, wie die Frau die Papiere, die wir ihr gegeben hatten, fotokopierte und abheftete. Sie kam wieder auf uns zu.

„Sie können jetzt gehen. Ihre Papiere sind hier sicher. Wir werden uns um sie kümmern." Sie sprach zu uns mit einem Ausdruck in ihren Augen, der uns wie Bedauern erschien.

Wir verließen den Raum. Wir ließen ein Stück von uns selbst in diesem Raum zurück, zwischen diesen fünfundzwanzig Ordnern. Und wir waren der Frau dankbar, dass sie sich um das kümmerte, was wir zurückgelassen hatten.

# Mascha

„Du nennst mich nur 'Maria', wenn du sauer auf mich bist. Bist du sauer auf mich?", fragt Mascha, als ich ihren vollen Namen benutze, während ich mit ihr über Skype spreche. Damals *war* ich böse auf sie. Ich weiß jetzt nicht mehr, warum. Wahrscheinlich, weil mir aufgefallen war, dass sie sich zu sehr mit radikalen Nationalisten angefreundet hatte, und ich dachte, das sei gefährlich für sie, für ihre Sache, für ihren Ruf. Ich hielt es für falsch. Sie hielt es auch nicht für richtig, aber sie war weniger naiv und weniger selbstgerecht als ich.

Es ist lustig, dass ich sie normalerweise „Mascha" nenne: Wir kommen beide aus der Westukraine, wo aus „Maria" „Marichka", „Marusia", aber nicht „Mascha" wird. Mascha ist die russische Verkleinerungsform, und wenn man sie benutzt, deutet das darauf hin, dass man Russisch spricht, was keine von uns tat. Aber so wurde sie mir vorgestellt, als wir uns zum ersten Mal trafen, und das ist der Name, den ich benutzte, wenn ich nicht sauer auf sie war.

Ich kontaktierte Mascha zum ersten Mal 2014, um sie zu interviewen, weil ich etwas über ihre Beteiligung an den Maidan-Protesten erfahren wollte. Es war kurz nach dem Ende der Demonstrationen; die Protestcamp-Stadt stand immer noch mitten in Kyjiw, einige Feuer schwelten noch, Kreuze und andere behelfsmäßige Schreine waren dort entstanden, wo Menschen erschossen worden waren. Das Zentrum Kyjiws sah postapokalyptisch aus. Es sah aus, als sei gerade ein Krieg zu Ende gegangen. In Wirklichkeit hatte der Krieg gerade erst begonnen, aber das wussten wir an dem Tag, an dem wir uns trafen, nicht.

Mascha wartete zwei Stunden lang in einem hippen kleinen Café auf mich. Ich schrieb ihr immer wieder, dass ich mich verspäten würde, und sie wartete. Ich wurde von meinem vorherigen Interviewpartner aufgehalten, einem radikalen Nationalisten, der sehr spät zum Interview erschien und nach Alkohol roch, obwohl es zehn Uhr morgens war. Das Interview erwies sich als sinnlos, und ich verwendete es nicht in dem Artikel, für den ich es geführt hatte. Das Interview mit Mascha war genau das Gegenteil: Ich sammelte genug Material, um ein Buch zu füllen. Aber das Wichtigste war, dass ich eine neue Freundin gewann.

Als ich endlich im Café ankam, sah ich eine auffallende junge Frau. Groß, mit einem langen, unordentlichen Pferdeschwanz, sah sie jünger aus als ich, strahlte aber so viel Selbstvertrauen aus, dass ich mich verhaspelte, als ich versuchte, mich vorzustellen und mich für meine Verspätung zu entschuldigen.

„Du bist also eine britische Wissenschaftlerin", sagte sie sarkastisch, als ich ihr sagte, dass ich aus dem Vereinigten Königreich stamme. „Britische Wissenschaftler" ist ein Ausdruck, der in den ukrainischen Medien häufig verwendet wird, wenn eine neue Erfindung beworben wird, und der oft als Scherz gemeint ist. „Britische Wissenschaftler bestätigen, dass dieses Abführmittel das wirksamste Mittel gegen Verstopfung ist." So etwas hört man in den endlosen Werbepausen im ukrainischen Fernsehen. Sarkasmus schien kein guter Anfang für ein Interview zu sein. Aber ich wusste wirklich nicht, wie ich die Dinge in Ordnung bringen sollte.

Sie stand auf und sagte: „Lass uns nach draußen gehen. Ich muss eine rauchen." Ich folgte ihr gehorsam. Mascha rauchte ein paar Zigaretten und erzählte mir die Geschichte ihrer Teilnahme an den Protesten. Erst da bemerkte ich, dass ihre tiefgrünen Augen noch immer die Bilder von Tod und Zerstörung sahen. Sie sah geschockt aus, als sie nach Worten suchte, die angemessen beschreiben konnten, was gerade mit ihr und ihrem Land geschehen war. Schließlich vergaß sie, dass sie mit einer "Britischen Wissenschaftlerin" sprach, oder vielleicht wurde sie auch nur mit mir warm, und erzählte ihre Erlebnisse auf dem Maidan so, wie sie sich in ihr Gedächtnis eingebrannt hatten. Es war ihr erstes Interview. Damals wusste sie noch nicht, dass ihr in den kommenden Jahren immer wieder ähnliche Fragen von Forschern und Journalisten gestellt werden würden.

Mascha ist jetzt in der Ukraine sehr bekannt. Es ist die Art von Berühmtheit, die die Menschen schnell und unerwartet erlangten, als der Maidan gerade beendet war und der Krieg gerade begann. Zwischen der Flucht von Viktor Janukowitsch und den neuen Präsidentschaftswahlen übernahmen Aktivisten und Freiwillige die Funktionen des Staates und erwiesen sich in vielerlei Hinsicht als effizienter als die Regierung. Freiwillige sammelten alles, was die Armee brauchte, forderten Bestrafung für diejenigen, die während der Proteste auf Zivilisten geschossen hatten, und viele traten der Armee bei und gingen an die Front.

Mascha tat während der Proteste alles, was sie konnte. Sie machte Molotow-Cocktails und hielt Reden über die Gleichstellung der Geschlechter. Nachdem sie von männlichen Demonstranten diskriminiert worden war, erhielt sie die Erlaubnis, auf der zentralen Bühne des Maidan über Gleichberechtigung zu sprechen, musste aber bis zum späten Abend warten, bis die Bühne frei wurde. Als man ihr das Mikrofon geben wollte, wurde sie von mehreren Männern (Mitdemonstranten) aufgehalten, die sagten:

„Weißt du, was ich zwischen meinen Beinen habe und was du zwischen deinen Beinen hast, sind zwei verschiedene Dinge. Du solltest das tun, was du gut kannst: Kochen, Nähen."

Mascha tat nichts davon. Sie ging auf die Bühne und hielt ihre Rede. Wie sich herausstellte, war es die erste von vielen zum Thema Frauenrechte.

Als der Krieg begann, packte sie ihre Sachen und ging an die Front. Sie brachte sich selbst das Fliegen von Drohnen bei und gründete dann eine Organisation, die anderen das Fliegen von Drohnen beibrachte. Sie vertrat die Ansicht, dass wir im 21. Jahrhundert nicht mit Menschen kämpfen sollten, sondern mit Technologie. Und es ist ja nicht so, dass es der ukrainischen Armee an Technologie mangelte. Freiwilligenorganisationen wie die von Mascha, die ukrainische Diaspora und westliche Regierungen versorgten die Armee ständig mit Drohnen, aber eine Kombination aus unausgebildeten Soldaten, übervorsichtigen Offizieren und korrupten Generälen führte dazu, dass diese Drohnen manchmal entweder nie an die Front gelangten oder irgendwo im Lager landeten, um sicherzustellen, dass sie nicht kaputt gingen. Wie Mascha anmerkte, hatten einige verantwortliche Offiziere Angst, von ihren Vorgesetzten wegen der Beschädigung von Armeeeigentum gerügt zu werden. Die Beschädigung von Menschen war anscheinend weniger problematisch.

Mascha wollte das alles ändern. Sie organisierte kostenlose Schulungskurse für andere und flog selbst Drohnen an der Front. Sie genoss das Beste aus beiden Welten: Sie ging alle paar Monate an die Front und hatte das Gefühl, einen sinnvollen Beitrag zu den Kriegsanstrengungen zu leisten, aber sie unterschrieb keinen offiziellen Vertrag mit der Armee und konnte somit nicht völlig von ihr kontrolliert werden. Auch der Staat profitierte von dieser Situation: Er hatte eine Person, die kostenlos Ausbildung und Drohnen zur Verfügung stellte und ihr eigenes Leben an der Front riskierte, und wenn ihr etwas zustieß, trug der Staat keine Verantwortung. In ihrer Wohnung, auf ihrem Schreibtisch, lag ein Stapel von Anfragen verschiedener Armeeeinheiten, die sie baten, ihr Personal auszubilden – kostenlos, versteht sich.

Ich bewunderte ihre Entschlossenheit. Aber mir wurde auch klar, dass der Staat umso mehr das Gefühl haben würde, nichts tun zu müssen, je mehr Mascha und Menschen wie sie die Aufgabe der Landesverteidigung übernahmen, die eigentlich vom professionellen Militär hätte erledigt werden müssen. Als ich ihr vorwarf, dem Staat eine passive Rolle zuzugestehen, während Freiwillige die harte Arbeit erledigten, fragte sie mich, wie es den Menschen an der Front helfen sollte, wenn sie aufhörte, Drohnen zu fliegen oder andere auszubilden. Als ich ihr sagte, sie solle mit ihren Freundschaften zu radikalen Nationalisten vorsichtig sein, denn schließlich neigten diese dazu, Feministinnen als Bedrohung für die nationale Sicherheit zu sehen, und seien die glühendsten Verfechter des Patriarchats und der Geschlechterdiskriminierung – Dinge, die sie so leidenschaftlich zu bekämpfen versuchte –, antwortete sie, dass es an der Front nur zwei Kategorien von Menschen gebe: anständige Menschen und Arschlöcher. Nationalisten seien in beiden Lagern zu finden; sie versuche, nicht mit den Arschlöchern herumzuhängen. Als ich versuchte, Mascha zu überreden, eine Pause von der Rettung der Ukraine einzulegen und sich um ihre Gesundheit zu kümmern, lächelte sie und sagte, sie würde es tun. Mich überzeugte keine dieser Antworten.

In ihrem Bemühen, den Menschen an der Front zu helfen, setzte sie sich dafür ein, die Gesetze zur Rekrutierung von Soldaten zu ändern, um die Diskriminierung von Frauen zu beenden oder zumindest zu minimieren. Als Mascha zum ersten Mal in die Kriegsgebiete ging, stellte sie fest, dass Frauen von der Küchenarbeit bis zur Teilnahme am Kampf alles machten und oft für beides gleichzeitig verantwortlich waren. Aufgrund von Beschränkungen im Rekrutierungsgesetz waren die meisten Positionen in der Armee – nicht nur im Kampf – für Frauen unzugänglich. So wurden Scharfschützinnen als Verwaltungsangestellte und Kämpferinnen als Näherinnen registriert. Auch hier war der Staat froh, die Bereitschaft der Menschen, ihr Leben zu riskieren, ohne Kosten für seinen Haushalt auszunutzen.

Diese Frauen waren völlig ungeschützt, wenn es um Verletzungen an der Front ging: Wie erklärt man eine Schusswunde, die eine Verwaltungsangestellte erlitten hat? Sie wurden nicht angemessen entlohnt, denn man zahlt einer Näherin kein zusätzliches Geld für die Teilnahme am Kampf. Der Status, den sie genossen, war nicht annähernd so hoch wie der ihrer männlichen Kollegen. Wenn etwas schief ging und eine Soldatin mit einem halblegalen Status getötet wurde, erhielt ihre Familie keine Entschädigung. Die Frau hatte es sich selbst zuzuschreiben, dass sie freiwillig an die Front gegangen war; sie hätte wissen müssen, dass dies „kein Ort für eine Frau“ war. Und natürlich waren Frauen häufig sexueller Belästigung und Gewalt durch ihre eigenen Kameraden ausgesetzt, ganz zu schweigen vom Feind, wenn sie das Pech hatten, gefangen genommen zu werden.

Mascha wollte auch dies alles ändern. Wie bei den fliegenden Drohnen dachte sie, sie könnte es aus der Armee heraus tun. Ich sagte ihr, dass man eine so patriarchalische Institution nicht von innen heraus reformieren könne, weil man sie dadurch legitimiere, dass man ihr beitrete. Sie war anderer Meinung. Wir hatten viele hitzige Diskussionen, nach denen ich manchmal dachte, dass sie nie wieder mit mir sprechen würde. Zu anderen Zeiten fand sie meine Argumente überzeugend. Trotz meiner Skepsis blieb sie hartnäckig: Sie betrieb Lobbyarbeit beim Verteidigungsministerium, ermutigte Veteraninnen und Soldatinnen, ihre Rechte einzufordern, und wurde zu einer unverblümten Kritikerin des Militärs als Institution, während sie gleichzeitig täglich die Frontlinie unterstützte. Und ihre Bemühungen machten sich bezahlt. Die diskriminierenden Gesetze wurden aufgrund der von ihr initiierten und geführten Kampagne geändert. Sie erreichte zwar nicht die Gleichstellung der Geschlechter in der Armee, aber sie hat den entscheidenden ersten Schritt dazu getan.

Als ich Mascha anrief, um ihr mitzuteilen, dass mein Bruder getötet worden war, war sie gerade an der Front. Sie sagte, sie würde zu der Einheit fahren, in der er gedient hatte, um seine Sachen zu holen und sie uns zu bringen. Auf dem Rückweg aus dem Gebiet Luhansk blieb ihr Auto liegen. Mit einem Gehstock in der einen Hand – sie litt an einer Beinverletzung – und den Habseligkeiten meines Bruders in der anderen bestieg sie einen Zug nach dem anderen und schaffte es schließlich bis nach Kyjiw. Als ich ein paar Tage später in Kyjiw ankam, saßen wir in ihrer kleinen Küche in einer alten Wohnung im sowjetischen Stil und gingen gemeinsam die Sachen meines Bruders durch. Auf dem Küchenboden lag das Leben meines Bruders der letzten zwei Jahre, und wir mussten uns Stück für Stück durcharbeiten.

Nach der Beerdigung und einer Woche der bürokratischen Hölle dachte ich, das Schlimmste sei überstanden, aber ich hatte mich getäuscht. Mascha, meine Mutter, mein Partner und ich gingen alles sorgfältig durch und sortierten es in drei Stapel: Dinge, die für andere nützlich sein könnten (Uniform, Stiefel, Rucksack usw.), Dinge, die weggeworfen werden konnten (was nicht viel war, denn an der Front sammelt man nicht viel Überflüssiges an), und Dinge, die wir behalten wollten. Ich nahm sein Telefon, seine Dokumente und ein khakifarbenes Halstuch mit, meine Mutter behielt das Innenfutter des Helms mit dem Loch, das er getragen haben muss, als das Schrapnell ihn durchbohrte, und wir behielten ein T-Shirt für meinen anderen Bruder. Das war's. Der Stapel mit den nützlichen Dingen war ziemlich groß, und Mascha hatte die Aufgabe, einen Freiwilligen zu finden, der sie abholte und dafür sorgte, dass sie an diejenigen verteilt wurden, die sie brauchten. Sie schaffte das in wenigen Minuten. Ich sah die Erfahrung, die sie durch ihre Freiwilligenarbeit an vorderster Front gesammelt hatte, in Aktion. Sie wählte ein paar Nummern und sagte in einem geschäftsmäßigen Ton:

„Ich habe hier die Familie eines Kämpfers. Er wurde im Kampf getötet. Seine Angehörigen wollen dafür sorgen, dass seine Sachen anderen dienen können. Können Sie das arrangieren?"

Es kam fast sofort jemand in ihre Wohnung. Das war eine große Erleichterung: Wir mussten die Sachen meines Bruders nicht irgendwohin transportieren oder sie einpacken und mitnehmen, ohne zu wissen, was wir damit tun sollten, außer sie später durchzusehen und wieder zu weinen. Mascha hat sich schnell und effizient um alles gekümmert. Wir waren dankbar dafür.

Ein anderes Mal sah ich ihre Kriegserfahrung in Aktion, als sie den Kommandanten meines Bruders anrief, den sie von ihrem Freiwilligendienst her kannte. Wieder ein geschäftsmäßiger Ton:

„Hallo. Ich habe hier die Familie eines Ihrer gefallenen Kämpfer. Können Sie mir sagen, wie er gestorben ist? Okay, ich stelle Sie auf Lautsprecher."

Ich selbst hätte diese Nummer nie gefunden, und wenn doch, hätte ich nicht den Mut gehabt, sie zu wählen. Ich hätte nicht geglaubt, dass der Kommandant verpflichtet sei, mir zu sagen, was in dem Kriegsgebiet passiert ist. Ich hätte ihn auch nicht traumatisieren wollen, indem ich ihn zwang, mir die Einzelheiten zu erzählen. Aber der von ihr initiierte Anruf war sehr hilfreich – denn wir wollten wissen, wie er gestorben war, auch wenn wir nicht danach fragen wollten. Wie bei den Habseligkeiten erlaubte sie uns, uns zurückzunehmen, während sie den Rest erledigte. Auch dafür waren wir dankbar.

Wie sich herausstellte, bestand die letzte Aufgabe meines Bruders darin, in einem Graben zu stehen, um festzustellen, woher der feindliche Beschuss kam, und diese Information an diejenigen weiterzugeben, die das Feuer erwidern konnten. Es gelang ihm, die Einzelheiten von drei Angriffen zu übermitteln. Beim vierten wurde er getötet. Dies war keine Aufgabe für einen Menschen. Das war ein Job für eine Drohne. Vielleicht eine von denen, die unbeschädigt im Lager liegen. Vielleicht eine von denen, für die Mascha einen anderen Soldaten hätte ausbilden können. Meinen Bruder vielleicht.

Mascha und ich lernten uns als Forscher und Auskunftsperson kennen. Aber wir wurden Freundinnen, denn nur eine Freundin kann die Sachen des Bruders von der Front mitbringen, dir helfen, sie auf ihrem Küchenboden durchzusehen, und die Fakten seines Todes herausfinden. Wir versuchen, in Kontakt zu bleiben, auch wenn die Zeitverschiebung und unser arbeitsreiches Leben es schwierig machen. Wir streiten uns über viele Dinge, aber am Ende nenne ich sie fast immer noch „Mascha".

# Ein Paar Stiefel, Teil II

Die Tasche, die auf Maschas Küchenboden in Kyjiw lag, war die gleiche, die ich fast zwei Jahre zuvor in London auf meinem eigenen Küchenboden gepackt hatte. Viele Gegenstände erkannte ich nicht wieder: Die Uniform war nicht die der britischen Armee, die ich gekauft hatte. Sie war aus dünnem, plastikartigem Material. Einige der T-Shirts stammten von meiner Einkaufsliste, aber sie rochen nicht mehr nach Lagerhaus, wie sie es getan hatten, als ich sie mit der Post bekam. Jetzt rochen sie nach Erde und Feuchtigkeit. Das Innenfutter des Helms war da. Dasselbe, das ich gekauft hatte. Nur hatte es jetzt ein Loch und mehrere bräunliche Flecken. Einige der Lederkreuze waren noch da. Vielleicht hat er sie seinen Freunden nicht angeboten, oder sie waren der Meinung, dass nichts sie beschützen könne, wenn es die kugelsicheren Westen nicht könnten. In einer kleinen Tasche befanden sich einige Kondome. Daran hatte ich nicht gedacht, als ich vor all den Monaten die Tasche packte.

Es gab ein Mobiltelefon. Es hatte kein Schloss, kein Passwort. Ich wusste nicht, ob ich die Textnachrichten, Bilder und Videos öffnen sollte. Sie gehörten mir nicht, aber ich hatte auch das Gefühl, dass sie mir etwas sagen könnten. Ich brauchte unbedingt Hinweise auf sein Leben an der Front. Ich wollte sehen, ob er die Nachrichten, die ich ihm geschickt hatte, aufbewahrt hatte. Aber ich wusste, dass es ihm nicht gefallen hätte, wenn ich sein Telefon ohne seine Erlaubnis überprüft hätte, als er noch lebte. Warum sollte ich jetzt, wo er tot war, keine Erlaubnis mehr brauchen? Schließlich beschloss ich, einen kurzen Blick auf das Telefon zu werfen. Die Versuchung war zu groß, um ihr zu widerstehen. Ich nahm es von der Küchenarbeitsplatte, wo es aufgeladen worden war, und stellte fest, dass das Telefon mich jetzt nach einem Passwort fragte. Ich konnte nicht verstehen, wie das passiert war. Nur etwa eine Stunde zuvor, als ich es eingeschaltet hatte, war kein Passwort erforderlich gewesen. Irgendwie war mir das unheimlich. Ich legte das Telefon wieder hin und schaltete es aus.

Irgendwann später überkam mich dann aber doch die Neugier, und ich schaltete das Telefon wieder ein. Es war wieder kein Passwort erforderlich! Tatsächlich? Während ich darüber nachdachte, was ich tun sollte, erschien die Aufforderung zur Eingabe des Passworts erneut. Das war nun zu viel für mein müdes Gehirn. Ich trank ein Glas Wasser und beschloss, dass die einzige Möglichkeit, mit Dingen umzugehen, die zu unheimlich werden, vernünftig zu sein ist. Ich schaltete das Telefon aus und wieder ein, und wie erwartet fragte es in den ersten paar Minuten nicht nach einem Passwort. Das war mein Zeitfenster: die ersten paar Minuten, bevor das Passwortschutzprogramm ansprang. Ich fühlte mich immer noch unwohl dabei, seine Texte zu lesen und seine Bilder anzusehen. Also legte ich das Telefon zur Seite und beschloss, es mir später genauer anzusehen.

Es gab auch eine Mappe mit Papierkram: eine kurze handgeschriebene Autobiografie, einige militärische Dokumente, Gutscheine für kostenlose Zugfahrten für Soldaten (die meisten davon unbenutzt), eine Liste der nächsten Angehörigen, einige von Schulkindern für Soldaten gezeichnete Bilder von Sonne und Regenbogen. Und es gab ein Buch, in dem Seiten fehlten. Ein seltsames Fantasy-Buch. Ich schätze, man braucht schräge Fantasie, wenn einem die schräge Realität zu viel wird.

Und dann sah ich sie: die Gore-Tex Pro Combat British Army Stiefel. Größe 41. Sie waren noch in sehr gutem Zustand, wenn auch nicht mehr brandneu. Ich schätze, jetzt würde man sie als „gebraucht" bezeichnen. Sie waren mit Schlamm bedeckt. Die fruchtbare, klebrige ukrainische Schwarzerde.

Ich nahm sie mit in den Flur von Maschas Wohnung. Der Flur war übersät mit den Schuhen anderer Leute: einige waren sauberer, neuer und bunter als andere. Das Paar, das ich in meinem Schoß hielt, hob sich deutlich von den anderen ab. Dort, zwischen den zivilen Schuhen, sah diese Armeeausrüstung aus, als käme sie von einem anderen Planeten. Ich weinte zum ersten Mal, seit ich die Tasche erhalten hatte. Meine Tränen rollten über meine Wangen und auf die Schuhe. Ich nahm ein Tuch und begann, sie zu reinigen. Vorsichtig, wie ich es zu Hause getan hatte, nachdem ich sie mit der Post erhalten hatte. Zuerst entfernte ich den

Schlamm von den Sohlen, dann reinigte ich den Rest der Schuhe und brachte sie zum Glänzen. Ich streichelte sie, wie ich es vor zwei Jahren getan hatte, und flüsterte ihnen zu: „Viel Glück! Ihr könnt jetzt jemand anderen trocken und warm halten."

# Wolodja

Als wir die Sachen meines Bruders in Maschas Wohnung durchsuchten, fanden wir zwei dicke, weiße Umschläge, die mit einem weißen Band gesichert waren. Auf dem dickeren stand „19.500", auf dem dünneren „6.790". Ich öffnete sie nicht, aber ich erkannte, dass sie Geld enthielten: Ukrainische Griwna, etwa 700 Dollar bzw. 250 Dollar. Die dickere gehörte meinem Bruder: Er sollte einige Tage nach seiner Ermordung in den Urlaub gehen und hatte wohl das meiste Geld von der Bank abgehoben, um sich darauf vorzubereiten. Die andere Summe wurde von seinen Kameraden für seine Familie, für uns, nach seinem Tod gesammelt.

Wir hatten den Rest seiner Habseligkeiten bereits sortiert und waren uns einig, dass das meiste davon an Freiwillige gespendet werden sollte, die wissen würden, was sie damit tun sollten. Meine Mutter und ich baten Mascha, ohne uns abzusprechen, einen Freiwilligen zu finden, der auch die Umschläge annehmen würde. Wir waren den Kameraden meines Bruders dankbar, dass sie für uns Geld gesammelt hatten, aber wir hatten nichts für die Beerdigung ausgegeben (abgesehen von der Totenwache), da alles vom Staat bezahlt worden war, sodass es nur sinnvoll war, das Geld weiterzugeben, um anderen vom Krieg Betroffenen zu helfen. Dasselbe galt für den Umschlag meines Bruders, dessen Inhalt er nun niemals mehr für einen Urlaub ausgeben würde.

„Hallo! Haben Sie gerade jemanden in akuter Not? Aha. Medikamente? Welches Krankenhaus? Okay, wir sind gleich da."

Mascha legte den Hörer auf. Wie immer war die Effizienz der Freiwilligen beeindruckend. Es stellte sich heraus, dass es sich um einen jungen Mann handelte, der eine langfristige medizinische Versorgung benötigte, aber keinen Zugang zu staatlicher Unterstützung hatte. Er war durch die Maschen des Systems gefallen: Er hatte sich freiwillig zum Kampf an der Front gemeldet und wurde dann kurz vor seiner Versetzung in eine reguläre Armeeeinheit schwer verletzt. Er verlor die Hälfte seines Magens, seine Gliedmaßen waren schwer verwundet, und sein Leben hing an einem seidenen Faden. Zum Zeitpunkt seiner Verletzung war er noch nicht offiziell von der Armee rekrutiert worden und fiel somit nicht in deren Zuständigkeit. Er war 18 Monate lang von einem Krankenhaus ins andere gekommen und völlig auf die Hilfe von Freiwilligen angewiesen. Einer dieser Freiwilligen sagte, er brauche unbedingt Geld, um Medikamente zu kaufen. Wir sprangen in ein Taxi und fuhren zum Krankenhaus.

Als wir durch die langen, kalten Krankenhausflure gingen, atmete ich den Geruch von Medikamenten ein, den ich seit meiner Kindheit so sehr hasste, und versuchte, von der unangenehm hellen blaugrünen Farbe an den Wänden keine Migräne zu bekommen.

Kurz bevor wir die Station betraten, wurden wir von dem Freiwilligen gewarnt:

„Weißt du, vielleicht ist er schlecht gelaunt. Wahrscheinlich wird er deine Hilfe nicht annehmen wollen. Er kann ein bisschen schwierig sein, was natürlich verständlich ist. Er hat niemanden. Nun, er hat eine Familie, aber ich glaube nicht, dass sie Kontakt haben."

„Wie heißt er?", fragte meine Mutter.

„Wolodja".

Wir sind beide verstummt.

„Wie alt ist er?"

„Zweiundvierzig".

Ich wusste nicht, ob ich die Station betreten konnte. Ich wusste nicht, ob ich es verkraften würde, einem Mann im Alter meines Bruders zu begegnen, der den Namen meines Bruders trug, der schwer verwundet und in einem schrecklichen Zustand war und dem nur Freiwillige helfen konnten, der aber noch lebte, als mein Bruder schon tot war. Ich wusste nicht, ob ich Mitleid, Verbitterung oder etwas ganz anderes empfinden würde. Vor allem aber wollte ich nicht meinen Bruder in ihm sehen. Ich hatte Angst, dass meine Mutter und ich uns so um ihn würden kümmern wollen, wie wir uns nicht um meinen Bruder kümmern konnten, dass wir diesen Wolodja „adoptieren" wollten, als eine Art Buße für den Verlust unseres Wolodjas.

Wir betraten die Station. Der Gestank von Medikamenten und Reinigungsmitteln wurde nur noch schlimmer. Acht Betten in einem Raum. So etwas kannte ich nur aus Schwarz-Weiß-Filmen über den Zweiten Weltkrieg, in denen man die Helden der Sowjetunion bei der Genesung nach ihren Schlachten sah. Der einzige Unterschied war, dass diese Station in Farbe war und einen kleinen Fernseher in der Ecke hatte, den alle zu ignorieren schienen. Diese Station war nicht von einem sowjetischen Filmregisseur ins Leben gerufen worden. Sie war sehr real. Einige Männer liefen umher. Einer stand am Fenster. Wolodja konnte weder gehen noch stehen. Er lag in seinem Bett. Er wartete auf uns.

Ich weiß nicht, ob es meine Trauer war, die mir einen Streich spielte, oder ob dieser Wolodja wirklich ein bisschen wie mein Bruder aussah. Er hatte ein schmales, hübsches Gesicht und langes, hellbraunes Haar. Seine Augen waren tieftraurig und blitzten hin und wieder zornig auf. Ich wollte mich an sein Bett setzen, seine Hand nehmen, ihn beruhigen und ihm sagen, dass es in Ordnung war, wütend zu sein auf das stinkende Krankenhaus, den dummen Fernseher in der Ecke, auf uns, die wir ungebeten gekommen waren und ihm Hilfe anboten, um die er nicht gebeten hatte. Auf den Krieg, die Mine, die ihm den Bauch aufgerissen hatte, auf sich selbst, auf die Welt.

Stattdessen stellte ich mich neben die Tür, nickte zur Begrüßung und ließ meine Mutter neben ihm sitzen und das Reden übernehmen. Auch sie schien nicht zu wissen, wie sie sich verhalten sollte. Sie wusste, dass ihr eigener Sohn meist nicht versessen darauf war, ihr zuzuhören, warum also sollte dieser Fremde ihr jetzt zuhören wollen? Wir versuchten, nicht zu weinen. Wir versuchten, nichts zu sagen, was ihn verärgern könnte. Zwischen den kurzen Sätzen gab es lange Pausen. Ich versuchte, ihm nicht in die Augen zu sehen. Ich hatte Angst, dass er verstehen würde, dass ich in ihm meinen Bruder suchte. Ich wollte nicht, dass er dachte, er wäre für uns ein „Ersatz-Wolodja".

Natürlich wollte er die Umschläge nicht annehmen, aber als wir ihm sagten, dass wir auch nicht wüssten, was wir damit tun sollten, und dass er uns einen Gefallen täte, wenn er sie annehmen und verwenden würde, schien er nachzugeben. Er sagte, er würde den Inhalt mit anderen Bedürftigen teilen.

Wir verließen die Station und das Krankenhaus. Ich war noch nie so froh, frische Luft einzuatmen. Die Stickigkeit des Krankenhauses und die Hoffnungslosigkeit der Station waren erstickend und machten mich schwindlig. Ich wollte so schnell wie möglich weg. Ich fühlte mich schuldig, weil ich so glücklich, so privilegiert, so gesund war. Ich war verbittert, dass es Menschen gab, die ihre Brüder im Krankenhaus besuchen konnten, während ich meinen auf dem Friedhof besuchen musste. Ich wollte mit der Freiwilligen in Kontakt bleiben, um zu fragen, wie es Wolodja ging, aber ich hatte vergessen, ihre Kontaktdaten zu notieren. Ich wollte alles über *diesen* Wolodja vergessen, weil ich befürchtete, dass die Sorge um ihn die Trauer um *meinen* Wolodja ersetzen würde, aber schließlich wusste ich, dass ich mich immer an ihn erinnern würde.

# Mama

„Mein Rücken tat richtig weh. Die Hebamme massierte ihn, um den Schmerz zu lindern, und fragte mich: 'Wollen Sie einen Jungen oder ein Mädchen?' Damals hatten wir noch keine Möglichkeit, das Geschlecht des Babys zu bestimmen. Ich sagte: 'Einen Jungen'. Sie sah mich erstaunt an. Ich sagte: 'Das Leben von Mädchen ist so viel schwerer.' Wie falsch ich doch lag."

Meine Mutter irrte sich nicht. Sie brachte einen kleinen Jungen zur Welt, als sie selbst gerade aus dem Teenageralter heraus war. Sein Leben war nicht einfach, aber es war nicht so schwer wie ihres. Es genügt zu sagen, dass es nur wenige Dinge gibt, die schwerer sind, als das eigene Kind, den Erstgeborenen, zu beerdigen.

Ich frage sie manchmal gerne, wie es war, bevor mein anderer Bruder und ich dazukamen, als es nur sie und ihn gab. Diese Frau, die für mich so oft aussieht, als wäre sie aus Eisen, erzählt mir Geschichten, die mein Herz schmelzen lassen. Vielleicht war sie nicht aus Eisen, als sie einundzwanzig war und er noch ein Baby war. Oder vielleicht war dieser eiserne Kern schon immer da – sonst wäre sie schon längst zerbrochen. Die folgenden Jahre haben die Metallbasis lediglich gehärtet und das, was in ihr steckte, was sie durch all die Entbehrungen zusammenhielt, ein wenig nach außen hin sichtbar gemacht. Aber wenn sie sich an die Geburt meines Bruders erinnert, an die ersten Jahre seines Lebens, dann fällt der Panzer ab, den sie sich zugelegt hat, um sich gegen alles zu wehren, was das Leben ihr auferlegte. Ihr Gesicht erhellt sich, ihre Augen füllen sich mit Wärme, ihre Stimme wird weicher.

„Ich habe es geliebt, ihn dicht an meinem Gesicht zu halten. So nah, dass ich seine Haut an meiner Wange spüren konnte. So nah, dass ich sein Haar riechen konnte. Ich wollte ihn atmen hören. Ich sah ihn an und konnte nicht glauben, dass er real war. Ich konnte nicht glauben, dass er mir gehörte." Sie hebt ihre müden, faltigen Finger an ihr Gesicht, um zu zeigen, wie nah sie das Baby gehalten hat. Ihr Gesicht erstrahlt, so ungewöhnlich. Sie sieht das

Kind aus ihrer Jugend so deutlich vor sich, dass ich es fast auch sehen kann, wie es sich in ihren Augen spiegelt.

Ich frage sie, warum sie glaubt, dass sie ihn so geliebt hat. Sie sagt, sie wisse es nicht. Ich habe das Gefühl, eine Antwort geben zu müssen, um die peinliche Stille zu überbrücken, also mache ich einen Vorschlag: „Vielleicht liegt es daran, dass du endlich etwas, ich meine jemanden, für dich hattest. Bevor er auftauchte, hattest du nie etwas, das nur dir gehörte." Kaum habe ich das gesagt, komme ich mir dumm vor. Ich hatte schwierige Erinnerungen zu den Erinnerungen hinzugefügt, die so süß, so kostbar erschienen. Sie sagt: „Vielleicht." Ich habe den Zauber nicht völlig zerstört. Sie schaut immer noch irgendwo hinter mich. Sie kann immer noch die weiche Haut an ihrer Wange spüren, wenn auch nur in der Erinnerung; einer Erinnerung, die heute fünfundvierzig Jahre alt ist.

Dies ist der dritte Geburtstag, den wir ohne das Geburtstagskind feiern müssen, bereits zweieinhalb Jahre nach seinem Tod. Als er noch lebte, haben wir uns an seinem Geburtstag nicht getroffen. Wir lebten alle weit voneinander entfernt. Wir schrieben uns vielleicht eine SMS und fragten, ob Wolodja sich gemeldet, ob er auf eine SMS geantwortet hätte. An einem Geburtstag, nachdem er in die Armee eingetreten war, war ich die Glückliche, die ihn am Telefon erreichen konnte. Wir hatten ein wirklich nettes Gespräch. Ich legte den Hörer auf und rief sofort meinen anderen Bruder an, um ihn zu drängen, Wolodja anzurufen, denn er hatte Empfang auf seinem Telefon, er hatte nichts getrunken und war in Gesprächslaune. Dies war eine seltene Gelegenheit, ein Gespräch zu führen, das nicht durch das äußere Versagen der Technik oder innere Dämonen unterbrochen wurde. Yura tat, was ich vorgeschlagen hatte. Wir waren beide zufrieden. Es gelang uns, mit unserem ältesten Geschwisterchen zu sprechen, und ausnahmsweise fühlte es sich wie ein echter Geburtstag an.

Nach Wolodjas Tod wurden seine Geburtstage für uns ein Grund, uns als Familie zu treffen. Um zusammenzusitzen und uns zu erinnern. Wir versuchen, uns auf die guten und lustigen Dinge zu konzentrieren. Schwierige Erinnerungen vorsichtig anzusprechen. Einmal erinnerte sich mein anderer Bruder daran, dass, als er noch klein war, einer der Generalsekretäre in der UdSSR starb (er konnte sich nicht erinnern, welcher es war; es gab eine Zeit, in der einer nach dem anderen starb) und im Fernsehen lief *Schwanensee* in einer Schleife. Wann immer es in der Sowjetunion einen Notfall gab, wurde aus irgendeinem Grund *Schwanensee* im Fernsehen gezeigt, um den Äther zu füllen. Die Fahnen wurden in den Straßen gesenkt, alle waren in düsterer Stimmung und Yura weinte, weil er dachte, dass ein Krieg bevorstand. In den Köpfen eines sowjetischen Kindes bedeutete das natürlich, dass die Deutschen kommen und alle umbringen würden. Er erinnerte sich, wie Wolodja ihn beruhigte und sagte: „Keine Sorge, wir werden aufs Land gehen, einen Graben graben und sie abwehren." Yura hatte fast recht: Der Krieg begann ein paar Jahrzehnte später, nur nicht gegen die Deutschen.

Ich erzählte von meiner Erinnerung an die Zeit, als mich meine beiden Brüder wegen St. Nikolaus hänselten. St. Nikolaus ist mein Lieblingsheiliger, weil er in der Ukraine am 19. Dezember, mitten in der Nacht, Geschenke bringt und sie unter dein Kopfkissen legt, während du schläfst. Er kommt mit einem Engel und einem Teufel, und wenn man kein braves Kind war, hinterlässt der Teufel einen Stock für einen. Ich bekam immer einen Stock, einen ganz kleinen, unbedrohlichen. Aber ich bekam auch eine Menge Geschenke. Am aufregendsten war es, wenn wir drei zusammensaßen und auf die Ankunft des Nikolaus warteten. Wir schworen uns, nicht einzuschlafen und uns gegenseitig zu wecken, falls einer von uns einschlafen sollte. Das Ergebnis war immer dasselbe: Ich wachte am Morgen auf und hörte, wie meine Brüder aufgeregt Geschichten über den bärtigen Nikolaus, den schönen Engel und den gruseligen Teufel erzählten. Sie erzählten mir, dass ich kurz vor ihrer Ankunft eingeschlafen war und sie mich nicht wecken wollten, um die magischen Gäste nicht zu verscheuchen. Ich weinte untröstlich, weil ich die Szene verpasst hatte, die ich so gerne sehen wollte, und weil sie mich nicht geweckt hatten, was einem totalen Verrat gleichkam. Nur der Gedanke an die Geschenke, die immer unter meinem Kopfkissen lagen, konnte mich schließlich aufmuntern.

Jetzt war mein Vater an der Reihe, eine Erinnerung zu teilen. Er sagte, ihm falle nichts ein. Nach einer peinlichen Stille sagte er:

„Alles, woran ich mich erinnern kann, ist die Zeit, als ich ihn vom Kindergarten abholte. Er plauderte ständig und erzählte Geschichten. Er war so aufgeregt." Nun, das war eine Offenbarung. Mir war nie bewusst, dass mein Bruder ein gesprächiges Kind gewesen war, vor allem nicht mit meinem Vater. „Bist du sicher, dass du von Wolodja sprichst?" fragte ich, um sicherzugehen, dass er ihn nicht mit meinem anderen Bruder verwechselte. „Ja", kam die kurze und zuversichtliche Antwort. Ich spürte, dass diese Erinnerung noch mehr zu bieten hatte, aber ich wollte nicht drängen. Wir alle schwelgten freiwillig in Erinnerungen. Unsere neue Tradition, den Geburtstag von Wolodja zu feiern, war noch sehr zerbrechlich. Sie musste mit Vorsicht behandelt werden.

Die lebendigsten Erinnerungen sind die, die meine Mutter bewahrt, und ich höre sie mir gerne an, wenn niemand sonst dabei ist. Also versuchen wir beide, uns zu treffen, bevor die anderen kommen; ich schenke uns Kaffee ein und sie schüttet ihr Herz aus. Auch sie hat eine Kindergartengeschichte zu erzählen. Ich hatte sie schon einmal gehört, als Wolodja noch lebte, aber sie jetzt zu hören, ist eine andere Erfahrung.

„Ich werde nie vergessen, wie ich ihn vom Kindergarten abholte und dabei ein neues Kleid trug. Ich hatte nicht viele Kleider und kaufte selten etwas Neues. Ihm fiel also sofort auf, dass ich anders aussah. Er war noch klein, und anstatt mein Kleid zu kommentieren, sagte er einfach: ‚Mama ist so schön, so schön!' Ich erinnere mich daran, als wäre es gestern passiert."

„Er hat immer darauf gewartet, dass ich ihn vom Kindergarten abhole. Und später habe ich immer darauf gewartet, dass er von irgendwoher nach Hause kam. In den 1990er Jahren, als er ein Teenager war, liebte er das Reiten sehr. Nach dem Training habe ich an der Straßenbahnhaltestelle auf ihn gewartet, um sicherzugehen, dass er sicher nach Hause kam. Damals brauchte man nicht viel, um in Schwierigkeiten zu geraten. Ältere Jungs konnten dich ansprechen und nach einer Zigarette fragen. Wenn du keine hattest, konntest du verprügelt werden. Wenn man eine hatte, konnte man immer noch verprügelt werden. Ich machte mir Sorgen und wartete ab."

Ich habe meine eigenen Erinnerungen an diese turbulenten Tage. Einmal wurde ein Junge, der nur wenig älter war als mein Bruder, in unserer Nachbarschaft erstochen. Meine Brüder kannten ihn gut. Ich hatte solche Angst um die beiden, dass ich etwa ein Jahr lang fast jede Nacht Alpträume hatte, in denen jemand sie mit einer Axt verfolgte.

Meine Mutter erzählt ihre Geschichte weiter...

„In dieser Nacht wartete ich und wartete. Die Straßenbahnen kamen und fuhren ab, aber er war nirgends zu sehen. Damals gab es noch keine Handys, und wir hatten nicht einmal einen Festnetzanschluss. Ich konnte niemanden anrufen, um zu erfahren, ob es ihm gut ging. Ich habe wohl die schlimmsten Szenarien im Kopf durchgespielt. Plötzlich kam er aus der Straßenbahn. Ich war so glücklich. Ich fragte: „Wolodja, wo zum Teufel warst du?" Er sagte: „Mama, einer unserer Jungs ist vom Pferd gefallen und wir mussten ihn zu Fuß nach Hause bringen, um sicherzugehen, dass es ihm gut geht. Zuerst war ich ziemlich sauer, dass er es nicht geschafft hatte, mir zu sagen, dass er sich verspäten würde, aber mein Ärger verflog schnell. Ich erinnerte mich daran, wie ich als junges Mädchen von einem Pferd gefallen war und mir den Arm gebrochen hatte. Ich hörte auf, mit ihm zu schimpfen."

Meine Mutter war froh, dass ihr Sohn in Sicherheit war. Sie war stolz darauf, dass er sich um seinen Freund gekümmert hatte.

Meine Mutter macht eine Pause, bevor sie ihre Erinnerungen fortsetzt. Wir trinken unseren Kaffee. Während sie das Leben ihres Sohnes verfolgt, werden die Erinnerungen meiner Mutter immer schmerzhafter.

„Ich wollte keine schlechte Mutter sein. Aber ich war so unerfahren. Als Wolodja auf einen Schulausflug ging, habe ich alles für ihn vorbereitet, so gut ich konnte, aber als er zurückkam, war er so aufgebracht. Er sagte: „Ich habe mich so geschämt, als alle Kinder ihre Thermoskannen herausgeholt haben und ich meinen Tee in einer Flasche hatte, in der er bereits kalt geworden war!" Wie hätte ich von diesen Flaschen wissen können? Wir hatten nie eine Thermoskanne im Haus. Ich hatte noch nie von einer gehört, bis er mir davon erzählte. Ich schämte mich so für meine Unwissenheit."

Während sie sich selbst Vorwürfe machte, dachte ich darüber nach, wie grausam Kinder sein können. Ich dachte daran, wie traurig es war, dass eine Frau, die alles für ihre Kinder getan hatte, so überzeugt davon sein konnte, dass sie ihnen wegen einer dummen Flasche eine schlechte Mutter gewesen war.

Ich frage sie nach der Geburtstagsfeier, die sie für Wolodja arrangiert hatte, als er achtzehn Jahre alt wurde. Sie fand in einem Restaurant mit vielen Gästen statt. Ich muss neun Jahre alt gewesen sein, aber meine Erinnerung daran ist sehr verschwommen. Ich erinnere mich nur daran, dass meine Mutter und mein Vater herumliefen und versuchten, alles zu organisieren, dass Kuchen in die Wohnung geliefert und direkt ins Restaurant gebracht wurde und dass mein Bruder in seiner schicken, nagelneuen Jacke ganz erwachsen aussah. Ich habe immer noch ein Foto von ihm in dieser Jacke. Er sieht aus wie ein Kind, das für erwachsen gehalten werden will. Meine Mutter hat nicht viele Erinnerungen an diese Feier. Vielleicht erinnert sie sich nur an die Dinge, die sie nicht „richtig" gemacht hat.

Zwischen meinem ältesten Bruder und meiner Mutter gab es immer eine besondere Beziehung. Ihre Hassliebe war so stark. Sie konnten sich die schmerzlichsten Dinge sagen, aber sie war es, die er mitten in der Nacht vor einer Schlacht anrief, um sie zu bitten, für ihn zu beten. Sie hat sowieso immer für ihn gebetet. Sie brauchte nicht daran erinnert zu werden.

Das letzte Mal, dass unsere Familie zusammenkam, war in der Kapelle des Leichenhauses vor der Beerdigung meines Bruders. Der Pfarrer hatte den Gottesdienst beendet und war gegangen. Wir hatten den ganzen Abend für uns allein. Ich war hysterisch. Mein anderer Bruder sah aus, als wäre das alles nicht wahr. Wir standen auf beiden Seiten des Sarges. Meine Mutter stand in der Mitte, direkt gegenüber dem Körper meines Bruders. Sie sprach mit ihm, als ob er noch da wäre, als ob er sie hören könnte, aber einfach nicht reagierte. So wie es oft der Fall war, als er noch lebte. Seine ausbleibende Antwort und unsere mangelnde Bereitschaft, ihren Monolog zu unterbrechen, erlaubten es ihr, alles zu sagen, was ihr schwer auf der Seele lag. Sie redete weiter, argumentierte, entschuldigte sich und argumentierte wieder. Schließlich fiel ihr nichts mehr ein, oder sie war es einfach leid, zu sprechen, wenn es keine Reaktion auf ihre Worte gab. Sie richtete ihre Worte immer noch auf das reglose Gesicht meines Bruders und sagte: „Sieh dich jetzt an! Wir sind alle hier, wir sind von weit her zu dir gekommen! Und du liegst einfach da. Wie ein Fürst!" Ihre Worte waren so unpassend, dass wir alle lachen mussten.

Am nächsten Tag, bevor sie den Sarg schlossen, berührte meine Mutter die Arme und Beine meines Bruders, als wollte sie prüfen, ob er warm war und sich wohl fühlte. So wie man seine Kinder berührt, wenn man sie in den Schlaf wiegt.

Als sie einundzwanzig war, wollte sie einen Jungen, weil sie vermutete, dass das Leben von Mädchen härter sei. Jetzt, in ihren 60ern, wusste sie es ganz genau.

# *Ernte*

Ein Jegliches hat seine Zeit, und alles hat seine Stunde unter dem Himmel.
Prediger 3:1

*„Mama", schrie ein Mann, als er hinfiel.*

*„Mama", flüsterte ein anderer, als er zum letzten Mal in den Himmel schaute.*

*„Mama", dachte eine Frau, während sie nach Luft rang und zusah, wie sich ihr geflochtenes blondes Haar mit einer klebrigen Flüssigkeit rot färbte.*

*„Mama", und dann Schweigen für immer.*

*Der Lärm des Krieges kann sehr laut sein. Er übertönt alles andere. Keiner hörte ihre letzten Worte. Nicht einmal Mama.*

„Es gibt eine Zeit zum Geborenwerden und eine Zeit zum Sterben.

*Mit zitternden Händen öffnete ich den Ordner mit den Fotos auf deinem Handy. Ich wusste nicht, ob du sie selbst aufgenommen hattest oder ob sie dir geschickt worden waren. Es waren Bilder von den Landschaften der Ostukraine, der schönen Steppe, die ich nie mit eigenen Augen gesehen habe. Trauerweiden, die sich in einem See spiegeln. Ein Boot, das am Ufer des Sees ruht. Auf einem behelfsmäßigen Feuer gebrühter Kaffee. Die Venus leuchtet hell in der Nacht. Eine einsame Wolke vor dem blauen Himmel. Eine Explosion an einem ansonsten bezaubernden Horizont. Ein Stück Schrapnell auf einem Weg. Ein leerer Graben. Und Fotos hiervon.*

*Ein offener Mund. Eine unbeholfene Pose, auf dem Boden liegend. Ein Bein unnatürlich zur Seite gedreht. Ein anderes in der Position eines Läufers in vollem Tempo. Beide Arme über dem Kopf, als winke er zum Zeichen: „Ich bin hier! Verlass mich nicht! Nehmt mich mit, lebendig oder tot, aber lasst mich nicht allein! Nicht hier. Nicht für immer."*

*In den ruhigen Feldern, in der Nähe des Sees: Früchte werden aus dem Krieg geboren. Diese Region ist sehr fruchtbar. Was immer man in die schwarze Erde pflanzt, wird gnädig angenommen, und im folgenden Jahr bringt der üppige Boden eine reiche Ernte hervor.*

„Eine Zeit zum Pflanzen und eine Zeit zum Ausreißen des Gepflanzten".

*Schauen wir uns das einmal genauer an. Es ist kein schöner Anblick und nichts, was man gerne sieht, obwohl es uns alle früher oder später trifft. Es dauert nur bei jedem Menschen unterschiedlich lange. Eine Leiche, die im Freien liegt, verwest zum Beispiel viermal schneller als eine, die im Boden vergraben ist. Aber was gerade gestorben ist, erwacht sehr schnell wieder zum Leben. Vielleicht stirbt es auch gar nicht. Vielleicht verwandelt sich eine Lebensform einfach in eine andere.*

*Augenblicke nach dem Tod, sobald der Verwesungsprozess einsetzt, entsteht und gedeiht ein ganzes Ökosystem. Es handelt sich um eine Art Selbstverdauung. Wenn der Herzschlag aufhört und kein Sauerstoff mehr in den Zellen vorhanden ist, beginnen sie sich aufzulösen. Dieser Prozess beginnt in der Leber, setzt sich im Gehirn fort und erfasst schließlich alle Gewebe und Organe. Die Temperatur eines Leichnams gleicht sich der seiner Umgebung an. Der Körper wird vom Gesicht über den Hals bis in die Gliedmaßen von einer Starre erfasst, und ohne Energie ist der Leichnam unbeweglich.*

*Und dann beginnt eine neue Art von Leben. Das Immunsystem hört auf zu arbeiten, und die Bakterien machen sich an die Arbeit. Sie beginnen, den Körper von innen heraus zu verzehren, verdauen die Därme, das Gewebe, die Kapillaren und wandern weiter zur Leber, zum Herzen und zum Gehirn. Was nicht selbst verdaut wird, wird zu einem Festmahl für Lebewesen mit einem erworbenen Geschmack. Manche Insekten verbringen ihren gesamten Lebenszyklus in einem toten Körper. Und was nicht von Maden, Schmeißfliegen, Ameisen und Käfern verzehrt wird, wird von Aasfressern gefressen. Im Gegensatz zu zimperlichen Menschen stört sie der Geruch von verrottendem Fleisch nicht. Sie fühlen sich sogar davon angezogen.*

„Es gibt eine Zeit, um abzubauen, und eine Zeit, um aufzubauen."

*Dort, im hohen Gras, kaum sichtbar, weil die Khakifarben es noch gut tarnen, liegt eine Frucht dieses Krieges. Im Gegensatz zum Körper, der sich in die ihn umgebende Umwelt auflöst, kann unsere äußere, materielle Schicht viel länger überleben. Die Stiefel sind völlig intakt, die Schnürsenkel sind noch so gebunden, wie man sie angezogen hat. Die Hose ist durch den Regen und die Vegetation, die um sie herum wächst, ein wenig abgenutzt. Der Gürtel ist geschlossen, seine Schnalle glänzt noch, sein Leder ist noch fest, anders als die menschliche Haut, die sich gerade noch an den darüber hinausragenden Brustkorb schmiegt. Die*

*Rippen werden mit den Resten eines grün-braunen T-Shirts zusammengehalten. Das T-Shirt trägt den Aufdruck eines Skeletts, ähnlich wie die, die Kinder an Halloween tragen, wenn sie auf Süßes oder Saures gehen.*

„Eine Zeit zum Suchen und eine Zeit, die als verloren gilt."

*An der Seite, wo einst das Herz war, befindet sich ein großes Loch im T-Shirt und im Brustkorb. Es gibt den Blick auf die Wirbelsäule frei. Die Wirbel werden von einer Mischung aus Körpermaterial, Baumblättern und Erde zusammengehalten. Die Wirbelsäule sieht aus wie eine Skulptur, die in einem Museum für moderne Kunst ausgestellt werden kann. Direkt über dem Halsausschnitt sind weiße Perlen zu sehen. Ein Rosenkranz, der getragen worden sein muss, um seinen Besitzer vom Bösen zu befreien. Er ist noch da. Unbeschädigt. Im Gegensatz zu organischer Materie zersetzt sich Plastik nicht. Der Mund ist weit geöffnet, als wollte er „ah" sagen, wie wenn ein Arzt deine Halsschmerzen untersucht. Oder vielleicht: „Mama". Die Zähne sind weiß und stark. Nur ein paar goldene Kronen glänzen, die in diesem Stillleben aus Braun und Grün, blassem Elfenbein und Schwarz so fehl am Platz sind.*

„Eine Zeit zum Töten und eine Zeit zum Heilen."

*Es ist seltsam, einen Schädel zu sehen, wo eigentlich ein Gesicht hätte sein sollen. Wo einst die Augen waren, klaffen nur noch Löcher. Dieser Körper befindet sich am Ende des Todeszyklus. Die verrottenden Blätter und das verwelkende Gras um ihn herum sind die einzigen Erinnerungen an das Leben. Und selbst diese verblassen in der Stille. Was einst ein Lebewesen war, wird nun Teil der Landschaft.*

„Eine Zeit des Krieges und eine Zeit des Friedens. „

*Diese Früchte des Krieges sind überall in diesem fruchtbaren Land verstreut. Die Erde wird ihre Ernte einfahren, wenn die Menschen es nicht tun. Sie wird die Energie, die nur kurz im Herzen und in den Gliedern gefangen war, übertragen und einatmen, um sie wieder und wieder freizusetzen.*

„Alle gehen an einen Ort, alle sind aus Staub, und alle werden wieder zu Staub".

# Diese Kurzgeschichte war so schwer zu schreiben

Einer der Hauptgründe, warum ich nicht gerne über „das Geschehene“ spreche, wie ich es manchmal immer noch nenne, sind die Reaktionen der Menschen auf meine Worte. Oder besser gesagt, weil sie das Gefühl haben, dass sie irgendwie reagieren müssen, aber nicht wissen, wie. Wir fühlen uns dann alle unwohl: ich, weil ich ein schwieriges Thema anspreche, und sie, weil sie darauf reagieren müssen.

Es gibt unterschiedliche Reaktionen, wenn man jemandem erzählt, dass der eigene Bruder im Krieg gefallen ist. Ich teile sie in drei Kategorien ein: instinktiv, intellektuell und gleichgültig. Instinktive Reaktionen reichen von Tränen und echter Anteilnahme bis hin zu Empörung und Schock. Intellektuelle versuchen in der Regel, eine Art Kommentar oder Ratschlag zu geben. Sie versuchen, dich auf konstruktive Weise zu beruhigen. Die gleichgültigen Typen sind diejenigen, die einfach sagen: „Ah, ich verstehe.“ Das liegt wahrscheinlich daran, dass sie nicht wissen, was sie sagen sollen, also sagen sie gar nichts. Alle drei Reaktionen sind für mich absolut in Ordnung. Es gibt nur eine, eine vierte Art, die es nicht ist. Sie gehört zu einer eigenen Kategorie. Und sie lässt mich bedauern, dass ich über das Geschehene gesprochen habe.

Als ich einmal auf einer Konferenz über den Krieg im Donbas sprach, erzählte mir ein junger Mann, ein Schriftsteller, dass er unter einer Schreibblockade leide, weil der Krieg ihn persönlich so sehr getroffen habe, dass er einfach nicht schreiben könne.

„Ich kann einfach nicht schreiben“, sagte er.

Ich fühlte mit, wegen „des Geschehenen“, obwohl ich diesem jungen Mann, den ich kaum kannte, nichts davon erzählen wollte. Später hörte ich ihn einige seiner jüngsten Kurzgeschichten vorlesen, in denen Menschen, die er als seine Freunde bezeichnete, „auf den Feldern der Ehre fielen“, wie er es ausdrückte. Seine Freunde zu verlieren, war natürlich sehr traurig. Ich konnte wieder mitfühlen, obwohl die Geschichten voller Pathos waren und nicht mit meinen eigenen Gefühlen zum Krieg übereinstimmten.

Ich fragte den jungen Schriftsteller, woher er den Mut, die Kraft und die Worte für sein Werk nahm, da er diese Menschen persönlich gekannt hatte.

„Du würdest es nicht verstehen", sagte er, „du weißt nicht, wie es ist, so persönlich in diesen Krieg verwickelt zu sein. Es ist schwer, seine Freunde zu verlieren."

Ich stimmte zu. Ich fragte ihn, ob er sie gut gekannt habe. Es stellte sich heraus, dass er das nicht getan hatte. Die meisten Informationen über sie stammten aus den Zeitungen. Ah, die Zeitungen! Aus ihnen kann man sicherlich viel lernen, wie meine eigene Erfahrung gezeigt hat, aber vieles davon hat wenig mit der Realität zu tun. Das sagte ich dem jungen Mann aber nicht. Also fuhr er fort:

„Siehst du, du bist weit weg, du bist im Ausland, du weißt nicht, wie es ist, mittendrin zu sein".

„Nein, das tue ich nicht, und du auch nicht, denn du bist zwar nicht im Ausland, aber du bist auch weit weg vom Kriegsgebiet, in der Behaglichkeit deines Zuhauses, und schreibst deine Kurzgeschichten", dachte ich bei mir. Ich sprach es nicht laut aus.

„Du kannst das nicht verstehen. Es hat mich so sehr getroffen. Ich weiß einfach nicht, wie ich mit all diesen Informationen, mit meinen Gefühlen umgehen soll. Aber ich glaube, du kannst das nicht verstehen."

So ging es eine Zeit lang weiter.

„Nun, eigentlich könnte ich es verstehen", sagte ich und verließ meine Komfortzone, in der ich „das, was passiert ist" für mich behalte, und beschloss, es dem jungen Mann mitzuteilen.

„Ich glaube, ich kann verstehen, wie es ist, jemanden zu verlieren."

„Ja, ja, natürlich verlieren die Menschen ständig geliebte Menschen, aber das ist nicht dasselbe wie ein Freund, der in einem Krieg getötet wurde. Ein junger Mensch, in seiner Blütezeit! Du kannst dir nicht vorstellen, wie schwer es ist, mit einem solchen Verlust umzugehen", unterbrach er mein zögerndes Geständnis.

Aber ich habe durchgehalten:

„Nun, das ist es, was ich meinte. Ich weiß, wie sich das anfühlt."

Und dann sagte ich es einfach. Ich erzählte ihm, „was passiert war": „Mein Bruder wurde an der Front getötet. Er ist auf demselben Friedhof begraben wie der Mann, den du in deiner Kurzgeschichte beschreibst. Direkt neben ihm."

So. Ich habe es gesagt. Ich konnte mich selbst hören, wie ich es sagte. Wie auf einer Bühne, für alle hörbar, nicht nur für den jungen Schriftsteller. Es fühlte sich gut an, die Worte aus meinem Innersten herauszulassen. Es war, als hätte sich mein Brustkorb geöffnet und eine schwarze Krähe wäre herausgeflogen. Sie war immer noch in der Nähe, kreiste über mir, aber sie war nicht mehr in mir, schlug nicht mehr mit den Flügeln in einem Raum, der viel zu klein für sie war. Ich konnte meine Worte in meinen Ohren klingen hören:

„Mein Bruder wurde vor sechs Monaten an der Front getötet. Er ist auf demselben Friedhof begraben wie der Mann, den du in deiner Kurzgeschichte beschreibst. Direkt neben ihm."

„Ah, ja, meine Kurzgeschichte. Es war so schwer, sie zu schreiben", fuhr der junge Schriftsteller fort, als hätte er nicht gehört, was ich gerade gesagt hatte.

Er sprach weiter über sich selbst, und ich bedauerte sofort, dass ich ihm erzählt hatte, „was passiert war". Es fühlte sich an, als würden wir darum wetteifern, wessen Trauer größer war. Wir waren beide nur mit unserem eigenen Kummer und unseren eigenen Geschichten beschäftigt, die so schwer zu schreiben, zu sprechen und zu verstehen waren. Aber wenn die Worte erst einmal zusammen mit der schwarzen Krähe draußen waren, gab es keine Möglichkeit, sie wieder hineinzubringen. Sie mussten einer nach dem anderen ausgeschüttet werden.

# Theater des Krieges

Noch nie hatte ich so viel Angst davor, Menschen in die Augen zu sehen. Ich konnte nicht mehr atmen. Warum zum Teufel hatte ich dieses Projekt begonnen? Warum hielt ich es für eine gute Idee? Ich wollte weinen, weglaufen, mich in der Garderobe einschließen und allen sagen, dass alles abgeblasen wurde. Aber es war zu spät. Die Kaution für das Theater war bezahlt, wir hatten so viel Zeit in die Proben investiert, und die Leute kamen bereits für die erste Vorstellung in dem kleinen Londoner Theater an. Sie hatten ihre Karten bezahlt. Die ersten beiden Vorstellungen waren ausverkauft, und es gab sogar eine lange Warteliste. All diese Menschen hatten sich entschieden, eine Stunde ihrer kostbaren Zeit damit zu verbringen, unsere Show zu sehen.

Ich musste mich zusammenreißen und mich ihnen stellen. Mit zitternden Händen, tränenden Augen und brüchiger Stimme stand ich am Eingang zum Zuschauerraum und sah zu, wie sie einer nach dem anderen hereinkamen. Wenn ich das Gefühl hatte, den Halt zu verlieren, trat ich in die Dunkelheit der Garderobe – alle Schauspieler waren bereits auf der Bühne – und sprach eine Art Gebet. Ich war mir nicht sicher, an wen es gerichtet war: Flehte ich eine göttliche Macht an, mir zu helfen, diese Aufführung gut zu machen, oder bat ich meinen Bruder um Vergebung, weil ich diese Geschichte in einem Theaterstück verwendet und ihn gebeten hatte, auf der Bühne meine Hand zu halten"? Um sicherzustellen, dass diejenigen, die das Stück sehen, wenigstens etwas von dem verstehen, was ich ihnen vermitteln wollte. Das Gebet gab mir etwas Trost, und ich konnte hinausgehen, um das Publikum zu begrüßen. Einige kamen mit einem Bier oder einem Glas Wein, andere mit einem unterstützenden Lächeln oder einer Umarmung. Sie setzten sich.

Das Gerede vor der Show verstummte. Das Licht im Haus war noch an. Ich nahm Blickkontakt mit allen meinen Schauspielern und dem Techniker auf, um ihnen mitzuteilen, dass wir gleich anfangen würden. Ich stand in der Mitte der Bühne und wartete darauf, dass sich meine Nerven beruhigten. Ich sah meine

Mutter, meinen Vater und meinen Bruder. Alle drei sahen mich aus dem Publikum genauso nervös an, wie ich sie von der Bühne aus ansah. Ich atmete tief durch. Okay, ich musste anfangen zu sprechen.

„Ich spreche nicht gerne über das, was passiert ist. 'Was passiert ist', so bezeichne ich es immer noch meistens, und ich spreche wirklich nicht gerne darüber."

Wir begannen die Show. Die erste Zeile war schwer auszusprechen. Sie war auch am schwierigsten zu schreiben gewesen. Die Theatertruppe hatte sich gemeinsam mit mir darüber den Kopf zerbrochen. Wie beginnt man ein Stück über einen Todesfall an der Front? Man kann das Publikum mit dem Hammer der anschaulichen Beschreibungen der Schrecken des Krieges erschlagen und es bedauern lassen, dass es die Eintrittskarte gekauft hat. Man kann aber auch zu feinfühlig sein und die Zuschauer mit leeren Händen zurücklassen. Dies war ein Stück über einen brutalen Krieg: Wir wollten nicht, dass das Publikum ginge, als wäre nichts geschehen. „Ich spreche nicht gern über das, was passiert ist" schien ein guter Anfang zu sein. Noch wichtiger, es war wahr.

Ich hasste es, darüber zu sprechen, und versuchte, es nur zu tun, wenn ich es unbedingt musste. Das Leben meiner Familie war permanent geteilt in ein „bevor es passiert ist" und ein „nachdem es passiert ist". „Wann hast du das letzte Mal mit dem und dem gesprochen?", fragte meine Mutter meinen Bruder. „Oh, das ist schon eine Weile her. Bevor, du weißt schon, bevor das passiert ist." Auch andere um uns herum benutzten es. Ein Freund fragte: „War deine Mutter in der Ukraine seit, du weißt schon, seit dem, was passiert ist?" Ein Euphemismus hat seine Rolle und seine Macht. Also benutzte ich ihn als sanften Einstieg in die weniger sanfte Geschichte eines Lebens, das an der Front verloren ging.

Die Leute schienen zuzuhören. Die Schauspieler trugen ihren Text vor. Die Szenen wechselten nacheinander: Das Chaos eines Sozialversicherungsbüros verwandelte sich in einen Therapieraum für eine Frau, die unter PTBS litt, ein Frontgraben wurde zur Küche eines Freundes, dann zu einem Friedhof und schließlich wieder zu einer Theaterbühne. Für mich war alles verschwommen. Als die Vorstellung zu Ende war, wurde ich mir der Realität wieder bewusst. Die Leute kamen auf mich zu und umarmten mich. Einige schluchzten. Ich war gerührt und beruhigt über den nächsten Schritt – das Stück auf dem größten Theaterfestival der Welt aufzuführen, dem Edinburgh Fringe.

Die Erfahrung in Edinburgh war ernüchternd. Die Royal Mile, die belebteste Straße der Stadt, auf und ab zu gehen und Touristen anzusprechen, die Witze über Politik hören wollten, war für keinen von uns neu. Dies war die dritte Show, die wir zum Fringe gebracht hatten. Aber die beiden vorherigen waren Komödien, wenn auch ziemlich düster. Jetzt hatten wir etwa fünf Sekunden Zeit, um jeden Passanten mit einem Flugblatt und einem Slogan für eine Kriegsshow zu begeistern. Es fiel mir schwer, den Fremden zu sagen: „Das ist eine wahre Geschichte. Es geht um meinen Bruder." Mein Schmerz war immer noch sehr privat. Es war schon schwer genug, ihn in dem kontrollierten Raum eines kleinen Theaters zu zeigen, geschweige denn auf einer belebten Straße. Daran hatte ich nicht gedacht, als ich die Vorbereitungen für Edinburgh traf. Ich hatte auch nicht daran gedacht, was es für meinen Trauerprozess bedeuten würde, eine Woche lang jeden Tag aufzutreten, manchmal zwei Vorstellungen pro Tag. Ich hatte einfach den Drang, dieses Stück vor so vielen Menschen wie möglich aufzuführen. Am Ende der Aufführung war ich erschöpft, und der Rest des Ensembles war es auch. Sie arbeiteten nicht nur hart – tagsüber verteilten sie Flyer, nachts spielten sie – sie sahen auch nach mir und vergewisserten sich, dass es mir gut ging. Am Ende des Tages wusste ich, dass ich mit ihnen überall hingehen konnte, selbst in die Tiefen des Kummers.

Und dorthin sind wir als nächstes gegangen. Wir beschlossen, die Show weiterhin in Theatern in London aufzuführen, aber wir wollten sie weiterentwickeln. Die größte Veränderung kam, als einer der Schauspieler gehen musste und wir ihn ersetzen mussten. Er hatte die Rolle meines Bruders gespielt. Sein Text stammte aus den Videos, die mein Bruder an der Front aufgenommen hatte. Ich fand sie in Wolodjas Telefon. Ich weiß nicht, für wen sie gemacht wurden oder warum. Vielleicht machte er sie in den Stunden verzweifelter Einsamkeit, als die Handykamera der einzige Kanal war, über den man mit dem Rest der Welt kommunizieren konnte. Das erste Bild zeigt einen Sonnenuntergang durch ein Loch in der Wand eines Unterstandes. Das zweite zeigte einen zugefrorenen See und eine verschneite Landschaft. Das letzte Bild zeigte die Landschaft um den Graben, die vollständig von dichtem Nebel bedeckt war. Den Abschluss bildete eine Nahaufnahme der glitzernden Regentropfen auf einem kahlen Ast. Es wurde nur wenige Tage vor seinem Tod aufgenommen.

Ich wollte die Videos in die Show einbauen, hatte aber nicht den Mut, sie auf der Bühne zu spielen. Also habe ich den Text transkribiert und übersetzt und ihn von einem Schauspieler vortragen lassen. Um ihm ein soldatisches Aussehen zu geben, ging ich wieder einmal online und kaufte eine Uniform und Armeestiefel. Facebook fing natürlich wieder an, mir all diese Dinge anzupreisen, genau wie beim ersten Mal. Manchmal fand ich es amüsant und manchmal unerträglich. Jetzt war der Schauspieler weg, und wir hatten nur noch die Uniform und die Stiefel. Ich beschloss, den Schauspieler nicht zu ersetzen, sondern die aktuellen Videos meines Bruders in der Show zu verwenden. Ich schien jetzt den Mut dazu gefunden zu haben.

Die erste Aufführung mit den Videos meines Bruders fühlte sich an, als würden wir alles wieder zum ersten Mal tun. Ich hatte ein ähnliches Gefühl der Beklemmung, aber dieses Mal nicht so sehr, weil ich mich einem Publikum stellen musste, sondern weil ich meinem Bruder gegenüberstand, wenn auch auf einer Leinwand. Das kleine Theater war voll besetzt. Wir begannen mit der Aufführung, wie wir es schon oft getan hatten, aber dieses Mal entrollten zwei Schauspieler kurz nach der Eröffnungsszene ein weißes Stofftuch. Ich nahm einen Handprojektor in die Hand, kniete mich in die Mitte der Bühne, um die Leinwand nicht zu verdecken, wählte das erste Video aus und spielte es für alle sichtbar ab. Eine blutrote Sonne erschien zwischen den Erdhaufen und die Stimme meines Bruders erzählte die Szene:

„Meine Damen und Herren, darf ich um Ihre Aufmerksamkeit bitten? Ich präsentiere Ihnen den Sonnenaufgang durch ein Loch in der Wand eines Unterstandes. Natürlich werdet ihr nicht sehen können, was ich hier sehe, es ist nicht dasselbe auf dem Video... Seht ihr die Hügel dort drüben?... Dort ist der Feind. Wir kämpfen gegen sie. Seht ihr? Ich nehme besser mein Handy weg, denn sie können verdammt noch mal darauf schießen."

Das Video war zu Ende, die Schauspieler klappten den Bildschirm zu, und ich konnte nicht glauben, dass mein Bruder und ich uns gerade von Angesicht zu Angesicht begegnet waren. Ich war nicht die Einzige, der es so ging. Meine Mutter kam zu jeder Vorstellung, und wenn man sie fragte, warum sie das tat, sagte sie, sie sei wegen der Begegnung mit ihrem Sohn gekommen. Keiner von uns konnte sich mehr dazu durchringen, die Videos zu Hause anzuschauen, aber wir taten es mit einer gewissen Freude, wenn sie auf der Bühne gespielt wurden.

Die Einbeziehung der Videos veränderte das Erlebnis der Ausstellung für mich völlig. Als ich dort kniete und meinen Bruder auf der Leinwand sah, habe ich manchmal geweint und manchmal gelacht.

„Hallo zusammen! Dies ist unsere Position. Im Wald. Seht nur, wie schön es ist. Verdammt noch mal! Wiiinteeerr...", begann das zweite Video.

Alles, was man sehen konnte, war schmutzig-weißer Schnee rundherum. Wirklich wunderschön.

„Da unten ist ein Dorf. Hier drüben, da ist ein See. Ja, es ist ein verdammter See."

Dieser Satz und die unbewegliche Art meines Bruders brachten mich immer zum Kichern. Er fuhr fort:

„Dort drüben haben wir Schutz vor allen möglichen Minen und Mörserfeuer. Ich mag es sehr, wenn die Winter so schön sind."

Tiefsinnig und profan. Das ist Wolodja in einer Nussschale. Und dann summte er ein Lied:

„I ain't got no honey, baby, sugar, baby now..."

Ich erkannte es nicht und musste es nachschlagen. Es stellte sich heraus, dass es ein alter Bluessong war. Die zweite Strophe ging so:

„Wer wird die Wiege schaukeln, wer wird das Lied singen? / Wer wird die Wiege schaukeln, wenn ich nicht mehr bin?"

Die Zeile aus den Aufnahmen, die sich für immer in mein Gedächtnis eingebrannt hat, kam ganz am Ende des letzten Videos. Nachdem er seine kugelsichere Weste, seinen Funksender, „Kommunikation, Optik und all den Scheiß" gezeigt hatte, zoomte mein Bruder auf die Zweige eines Busches, der direkt außerhalb des Grabens wuchs, und sagte:

„Aber das Interessanteste hier sind die Regentropfen auf den Ästen. Seht ihr diese Tropfen? Das ist das Interessanteste hier."

Zwei Tage später wurde er in genau diesem Graben getötet. Ich kann nur hoffen, dass er die glitzernden Tropfen am Himmel gesehen hat, als er auf den Moment des völligen Friedens wartete.

„Ich werde diese Wiege schaukeln und dieses Lied singen. / Ich werde diese Wiege schaukeln, wenn du gegangen bist. / Ich werde diese Wiege schaukeln, wenn du gegangen bist."

[Ende. Vorhang.]

# Unwürdiger Schmerz

Die Trauer ist voller edler Schmerzen. Die meisten Menschen können nachempfinden, was du durchmachst, und wenn du zusammenbrichst, ist das keine Schande: Du hast einen geliebten Menschen verloren, das ist verständlich. Du wirst nicht verurteilt. Diese Art von Schmerz adelt. Aber so sieht es nur an der Oberfläche aus.

Nicht lange nach dem Tod meines Bruders starb auch die Schwester meiner Freundin. Sie nahm sich das Leben. Ich erkannte so viele Phasen der Trauer meiner Freundin wieder: den anfänglichen Schock, die Frustration darüber, dass man nicht in der Lage ist, den Tod zu akzeptieren und loszulassen; die Wut auf den Toten, weil er gestorben ist, und auf sich selbst, weil man nichts getan hat, um seinen Tod zu verhindern; das langsame Verarbeiten der Abwesenheit des Verstorbenen; die verzweifelten Versuche, jedes noch so kleine Stückchen positiver Erinnerungen wiederzufinden; und das Auftauchen hartnäckiger negativer Erinnerungen. Die Qualen, die das alles mit sich bringt. Die Schuldgefühle. Die seltsame Erleichterung, die sich einstellt, wenn man feststellt, dass man sich jetzt wenigstens keine Sorgen mehr machen muss, dass das Geschwisterkind etwas Dummes tut. Sie haben es getan. Es ist vorbei. Der Selbsthass, der nach solchen Gedanken aufkommt. Die Wiederholung des Kreislaufs der gleichen Gefühle immer und immer wieder, und die Angst, dass sie einen nie in Ruhe lassen werden.

Jedes Mal wollte ich sagen: „Ich weiß genau, wie du dich fühlst", aber jedes Mal wurde mir klar, dass ich nicht wirklich wusste, wie sie sich fühlte, denn es ist eine Sache zu sagen: „Mein Bruder wurde im Krieg getötet", aber es ist etwas ganz anderes, zu sagen: „Meine Schwester hat sich das Leben genommen." Das erfordert Mut. Den Mut, den meine Freundin hatte und von dem ich annahm, dass er mir fehlte.

Ich wusste, dass mein äußerer Schmerz edel war. Manche Leute hielten meine ganze Familie für edel, nur weil mein Bruder in einem Krieg gefallen war, denn das ist es, wozu jeder gute Sohn einer guten Familie bereit sein sollte: „Er hat sein Leben für unseren Frieden gegeben", „er hat für sein Vaterland gekämpft", „er ist nicht umsonst gestorben". Diese Worte waren sowohl für das Gedenken an die Toten als auch für uns, die Lebenden, veredelnd. Auch wenn ich nicht wirklich an sie glaubte oder ihnen zustimmte, linderten sie meinen Kummer. Doch mit der Zeit wurde der Schmerz, der unter der Oberfläche lauerte, zu hart, um ihn zu ignorieren. Und er war alles andere als edel.

Mein Bruder hätte zu verschiedenen Zeitpunkten in seinem Leben so viele andere Tode sterben können – er arbeitete ohne Papiere im Ausland in gefährlichen Berufen, er hatte eine Lungenentzündung, die nicht rechtzeitig erkannt wurde, er schlief in der schwierigsten Zeit seines Lebens auf der Straße, er kämpfte im Suff oder schnitt sich in einem Moment der Verzweiflung die Pulsadern auf. Der Tod, der ihn ereilte, fand zufällig unter diesen Umständen statt: auf dem Schlachtfeld.

Einmal, als mein Bruder bereits an der Front diente, war ich in Kyjiw auf einer Konferenz. Wir diskutierten über etwas, das mit historischen Kriegen zu tun hatte, aber der Krieg, der nicht so weit entfernt stattfand, war in aller Munde. Zum Abschluss der Konferenz nahmen die Organisatoren uns alle mit in ein Theaterstück mit einem seltsamen Titel: *Mein Großvater hat gegraben, mein Vater hat gegraben, aber ich werde nicht graben*, inszeniert von zwei Regisseurinnen – eine Seltenheit im Westen, erst recht in der Ukraine – Agnieszka Błońska und Rosa Sarkisian. In der Aufführung wiederholte ein Schauspieler immer wieder: „Mein Bruder ist nicht im Krieg gestorben, sondern an einer Überdosis." Ich wusste nicht, ob sich die Zeile auf den echten Bruder des Schauspielers bezog oder nicht, aber ich fand es sehr mutig, dass das Ensemble sie in sein Stück aufgenommen hat.

In einem Land, das vom Krieg heimgesucht wurde, sank der Wert eines Menschenlebens rapide, und die heroische Rhetorik über „unsere Toten" schien die einzige verfügbare Strategie zu sein, um mit der Trauer fertig zu werden, die sich über die gesamte Nation erstreckte und in so viele Häuser eindrang. Die heroische Rhetorik schuf die Illusion, dass ein im Krieg verlorenes Leben kein verlorenes Leben ist. Ein Leben, das durch Drogen verloren geht, wird dagegen oft als Verschwendung betrachtet. Ich saß da, sah mir das Stück an und dachte: „Mein Bruder ist jetzt an der Front, nur etwa 800 Kilometer von diesem Theater entfernt, und er könnte jeden Moment dort sterben." Mein nächster Gedanke war: „Wenigstens wird er nicht an einer Überdosis sterben."

Ob wir es wollen oder nicht, wir sind so sozialisiert, dass wir bestimmte Arten von Tod schätzen und andere verachten oder fürchten. Das macht es für eine Schwester leichter zu sagen: „Mein Bruder ist an der Front gefallen", und für eine andere viel schwerer zu sagen: „Mein Bruder ist an einer Überdosis gestorben" oder „Meine Schwester hat sich das Leben genommen". Die Trauer einer Schwester steht jedoch nicht im Einklang mit der gesellschaftlichen Akzeptanz des Todes ihrer Schwester.

Eine Woche, nachdem ich das Stück gesehen hatte, erhielt ich die Nachricht, dass mein Bruder an der Front gefallen war. War ich froh, dass nicht die Drogen oder die Straße oder der Verlust des Lebenswillens ihn dahinrafften, sondern ein Schrapnell in einem kalten, feuchten Schützengraben? Ich weiß es nicht. Ich hoffe nicht. Wenn ich es wäre, würde ich es mir wohl nicht eingestehen.

Als ich begann, meinen Kummer in Worte zu fassen, wurde mir klar, dass ich die edlen Teile meines Schmerzes auswählte und die Dunkelheit tiefer in mich hineindrückte. Sie war in jeder Zeile vorhanden, für mich sichtbar, aber für andere verborgen. Ich ließ zu, dass ich ziemlich weit in meinen Kummer eindrang, aber nie weit genug. Jedes Mal blieb ich an einem unsichtbaren Zaun stehen, hinter dem der wahre Schmerz lebte. Der Schmerz, für den es keine Worte gab, um ihn zu beschreiben, nur das Gefühl der Übelkeit, das man hat, wenn man kurz vor der Ohnmacht steht. Ich wagte es nicht, über diesen Zaun hinauszugehen. Ich wollte nicht ohnmächtig werden und die Kontrolle verlieren. Es dauerte lange, bis ich erkannte, dass diese Übelkeit ein Zeichen von Angst war: Ich hatte Angst, beurteilt zu werden, weil ich die ganze Geschichte erzählte.

Ich wollte nicht beurteilt werden, aber was noch wichtiger war, ich wollte keine Angst davor haben, beurteilt zu werden.

Mein Bruder starb im Krieg – aber ist sein Tod deshalb weniger schlimm? Er hatte ein gutes Leben. Er hatte ein schreckliches

Leben. Er hatte ein Leben, das er selbst gewählt hat, und ein Leben, das ihn gewählt hat. Seine zweiundvierzig Jahre waren voll von Abenteuern, von denen manche gewollt, manche zufällig waren, die er aber alle mit etwas hinnahm, was man zu manchen Zeiten Würde nennen konnte, zu anderen Egoismus und zu wieder anderen Gleichgültigkeit. Seine Kameraden wiederholten immer wieder, dass er ein mutiger Mann war. Er brauchte nicht in den Krieg zu ziehen, um seinen Mut zu beweisen. Man braucht Mut, um sich nicht anzupassen und die Freiheit über jede Art von Konvention zu stellen, auch wenn diese Freiheit manchmal keine Unterkunft, kein Essen und kein Einkommen bedeutet. Ich war entschlossen, mindestens halb so mutig zu sein wie er, und das bedeutete, mich nicht länger hinter meinem edlen Schmerz zu verstecken und mutig genug zu sein, die *ganze* Geschichte zu erzählen.

# Herz

*Du warst dir nicht sicher, ob du noch am Leben warst. Du konntest nicht sagen, ob dein Herz noch schlug, ob dein Blut noch in deinen Adern floss. Also hast du beschlossen, es zu überprüfen. Du hast beschlossen, etwas Scharfes zu finden, das direkt durch deine Haut, dein Fleisch, geht und die dünne Schicht, die den pulsierenden Fluss im Inneren bedeckt, spaltet. Du dachtest: wenn das Rot hindurchsprudelt, wenn es ausbricht wie ein Gefangener, der seit Jahren darauf wartet, freigelassen zu werden, wenn es anfängt, das Grau und das Schwarz um dich herum ein bisschen bunter zu machen, könntest du dich trösten – es war noch Leben in dir. Und als du dich entschlossen hattest, es zu bewahren, fandest du ein Tuch, um deine Wunde zu verbinden, und hobst deinen verletzten Arm über dein Herz.*

*Ich habe dich nie gefragt, warum du es getan hast. Ich habe dich nie gefragt, ob du des Lebens wirklich so müde warst, dass du bereit warst, es enden zu sehen. Ich habe nie gefragt, aber ich wollte es immer wissen. Hier ist also die Geschichte, die ich mir ausgedacht habe, um es mir zu erklären.*

*Du hast dein früheres Leben hinter dir gelassen und deine Brücken abgebrochen. Du hast beschlossen, dass du genug hattest. Schon wieder. Also bist du zurück in das Land deiner Träume gereist. Du hast eine Stadt nach der anderen passiert und bist deinem Ziel immer näher gekommen. Dem Ort, an dem du wieder ein kleiner Junge sein konntest, geliebt und beschützt. Dem Ort, an dem du ein junger Mann sein konntest, der sich gerade zum ersten Mal verliebt hatte. Dem Ort, den du als Erwachsener verlassen musstest und an dem ein Stück deines Herzens zurückblieb. Oder vielleicht dein ganzes Herz. Vielleicht ist das der Grund, warum du deinen Herzschlag so viele Jahre nicht gespürt hast, weil er zu weit vom Rest deines Körpers entfernt war. Wenn du nur wieder mit deinem jungen Herzen vereint werden könntest, wärst du wieder ganz. Geheilt. Lebendig. Das hast du gedacht.*

*Als du die Grenze von deinem alten Leben zum Land der Träume überquertest, musstest du den Zug wechseln, weil die Gleise auf der anderen Seite anders waren. Die breiteren Gleise, die am östlichen Rand Europas beginnen, sind eine verfluchte Erinnerung daran, dass der Eiserne Vorhang in den Geschichtsbüchern zwar der Vergangenheit ange-*

*hört, sein Geist aber immer noch leise flüstert, wenn man von einem Zug zum nächsten fährt: „Bist du sicher, dass du über die Grenze in den Osten willst?" Du warst dir sicher. Du stiegst eilig aus dem weicheren, saubereren Waggon aus und räumtest deine wenigen Habseligkeiten auf die harte, unbequeme Oberfläche eines Etagenbettes in einem Zug, der schon bessere Tage gesehen hatte.*

*Der Zug kam am frühen Morgen an seinem Zielort an. Es war die Stunde, in der die Nacht nicht mehr regiert, aber auch der Tag noch nicht ganz Herr der Lage ist. Die Zeit, in der alles möglich ist, in der die Züge aus der Ferne ankommen, um ihren verschlafenen Reisenden die Chance zu geben, neu zu beginnen. Aus den Bahnhofslautsprechern ertönt ein Begrüßungsmarsch, eine besondere Tradition im Land der Träume. Die Reisenden rollten einer nach dem anderen aus den Waggons wie Wollknäuel aus einem umgestürzten Strickkorb; jeder ließ das eine Ende des Fadens im Zug oder vielleicht sogar im Bahnhof, wo er zugestiegen war, zurück und nahm das andere Ende mit, wohin er ging, bis es keine Wolle mehr zum Abrollen gab.*

*Du tratst dein Wollbündel von den Stufen des Zuges und sahst zu, wie es den Bahnsteig entlangrollte. Die rote Linie lief in einem Streifen voraus, und du bist ihr gefolgt. Was sonst konntest du folgen in der Abwesenheit deines Herzens? Der Faden führte dich aus dem Bahnhof hinaus und durch die vertrauten Straßen. Nachdem du den neuen Zirkus und das alte Theater, das gruselige Hotel und den fröhlichen Springbrunnen hinter dir gelassen hattest, standest du vor einem vertrauten Gebäude. Etwas in deiner Brust zog sich zusammen. Du nähertest dich der Eingangstür und deine Finger drückten die Klingel. Keiner antwortete. Die Farbe der Farbe an der Haustür, der Geruch der Straße, die Klingel unter deinem Finger. Konnten sie dir sagen, wo dein Herz war?*

*Das Wollknäuel führte dich weiter. Es purzelte um die Ecke in einen alten, baufälligen Schaukelpark. Wenn du die Augen geschlossen hättest, hättest du dir die hellblau gestrichenen Schaukeln vorstellen können, den mit bunten Eimern und Spaten bedeckten Sandkasten, die von Blumen umrahmten Bänke. Wenn du die Augen geschlossen hättest, hättest du das Lachen der Kinder hören können, die um das Karussell herumliefen: schneller-schneller-schneller, die Kinder auf dem Karussell hätten vor Aufregung geschrien. Aber du hast die Augen offen gehalten und hast nichts davon gesehen. Stattdessen sahst du zerbrochenes Holz, das vielleicht einmal den Sandkasten umgab, ein verbogenes Stück Me-*

*tall, das vielleicht die Schaukel gehalten hatte. Um die Bank herum lagen Zigarettenstummel, also holtest du dein Päckchen aus der Tasche und zündetest dir eine Zigarette an. Als du den Rauch ausgeatmet hast, hast du gespürt, wie deine Lunge sich abmühte, und du hast dich an dein Herz erinnert.*

*Der rote Faden führte dich zu einer Schule in der Nachbarschaft. Die großen Fenster hatten immer noch die gleichen dunklen Rahmen, die Tür war immer noch von wenig einladendem Braun. Die Schule lag zwischen einem berüchtigten Gefängnis und dem alten Ghetto aus der Kriegszeit. Ein Ort, der die Kinder des Viertels mehr über die Geschichte dieses Ortes lehren konnte, als ihre Lehrer das je wagen würden. Du tratst an die wenig einladende, aber vertraute Tür heran, um einen genaueren Blick auf eine unbekannte Tafel in der Nähe zu werfen. Sie ehrte „einen Helden, der bei der Verteidigung seines Vaterlandes fiel". Du hast den Mann, der auf der Tafel abgebildet ist, nicht erkannt, aber die Inschrift trug deinen Namen. Deinen Namen und dein Geburtsdatum. Dein Name, dein Geburtsdatum und das Datum deines Todes. Letzteres lag sieben Jahre in der Zukunft.*

*Du wusstest also, dass du, zumindest theoretisch, noch sieben Jahre zu leben übrig hattest. Das Leben, das du nicht spüren konntest. Eine perfekte Gelegenheit, um zu testen, ob es tatsächlich vorhanden war.*

*Du erinnertest dich an einen anderen Ort, an dem du dein Herz hättest vergessen haben können, und kicktest die Wolle in diese Richtung. Das Knäuel gehorchte und rollte einen Hügel hinauf, den höchsten Hügel in der Umgebung. Von seiner Spitze aus konntest du die verstreuten roten Ziegel der Dächer sehen, die sich irgendwie zu einer Stadt formten. Als die Lichter in den Fenstern unter den roten Dächern zu leuchten begannen, zündetest du dir eine weitere Zigarette an. Dein Herz war nirgends zu finden. Das Wollknäuel stand still. Es gab nichts mehr, wo es hätte hinrollen können.*

*Dies schien die richtige Zeit und der richtige Ort für dein Experiment zu sein. Du schautest dich um, um zu sehen, ob einer der Feiernden, die diesen Ort frequentieren, etwas hinterlassen hatte, das für diesen Zweck geeignet war. Zu deiner großen Überraschung fandest du keine Glasscherben von leeren Flaschen. Aber du fandest ein Stück Blech. Es muss von einem Imbiss übrig geblieben sein, der jemandes Bier begleitet hatte. Das Blechstück erwies sich als scharf und bohrte sich mühelos in den Arm. Die Haut gab nach, das Fleisch begann sich zu lösen, und ein roter Strang rann von deinem Arm hinunter zu dem anderen, der neben dir lag.*

*Als du sahst, wie der rote Blutstropfen auf den roten Wollfaden traf, wurde dir klar, dass du etwas fühlen konntest. Der Schock, ein Gefühl zu haben, war überwältigend und verhinderte, dass du identifizieren konntest, was dieses Gefühl eigentlich war. Freude? Erleichterung? Schmerz? Du fühltest etwas, das man nur als Leben bezeichnen konnte. Dein Experiment hatte funktioniert! Erregt von dem Gedanken, dass noch Leben in dir steckte, ließest du den Arm, der die Dose hielt, fallen und zerschnittest versehentlich den Wollfaden auf seinem Weg nach unten.*

*Die Lichter der Stadt begannen zu erlöschen, ebenso wie deine Zigarette. Das Gefühl des Lebens, das gerade aufgetaucht war, wich allmählich der Enge in der Brust, die du vorhin, als du an dem vertrauten Gebäude standest, gespürt hattest. Schließlich ließ der Druck nach, und ein Vogel flog aus deiner Brust: ein seltsames Geschöpf mit roten Federn. Es schlug mit den Flügeln, so fest es konnte, und sah aus wie ein schlagendes Herz. Er landete auf dem Wollknäuel, das neben dir lag. Der Faden, den du glaubtest durchgeschnitten zu haben, war noch mit dem Rest des Knäuels verbunden, aber nur knapp. Du machtest einen Knoten, um die Verbindung zu sichern, verbandest mit einem Teil der Wolle die Wunde am Arm und wiegtest den Vogel in dem anderen.*

*Die Lichter der Stadt leuchteten wieder vor deinen Augen. Du begannst darüber nachzudenken, was du mit deinen verbleibenden sieben Jahren anfangen könntest.*

# Theorie und Praxis des Krieges, Teil II

„Dies ist die letzte von drei Sitzungen, die wir über den Zweiten Weltkrieg halten werden. Vor der Osterpause - ihr erinnert euch sicher - haben wir uns mit den Ursachen des Krieges beschäftigt und die Gründe für den sowjetischen Sieg an der Ostfront diskutiert. Der Schwerpunkt des heutigen Seminars liegt auf den *Kosten* des Zweiten Weltkriegs."

Als ich in das Seminar einführte, bemerkte ich, dass die Studenten sehr lernbegierig zu sein schienen; sie hatten sich in der Pause ausgeruht und waren bereit, sich an der Diskussion zu beteiligen, zumal die Prüfung unmittelbar bevorstand, und nur wenige Dinge können Studenten stärker motivieren. Neun Stunden, die dem Krieg an der Ostfront gewidmet sind, sind ziemlich großzügig für einen Geschichtskurs an einer britischen Universität. Normalerweise müsste man alles, von den Ursachen bis zu den Folgen, in einer Unterrichtsstunde durchgehen und den Studenten irgendwie die Komplexität des Ganzen erklären. Drei Stunden, die dem Thema Kosten gewidmet sind, in Verbindung mit dem Enthusiasmus der Studenten, würden normalerweise wie ein wahr gewordener Berufstraum erscheinen. Nicht so dieses Jahr.

Anders als meine Schüler war ich erschöpft und verwirrt aus der Pause zurückgekehrt und kaum in der Lage, meinen Alltag zu bewältigen, ganz zu schweigen von meinen beruflichen Aufgaben.

Normalerweise würde ich meine Schüler im Unterricht über die Kosten des Krieges ermutigen, an die Menschen hinter den Zahlen in ihren Lehrbüchern zu denken, denn es sind Individuen, die in Kriegen, ethnischen Säuberungen und Völkermorden sterben; es sind tatsächlich lebende, atmende Menschen, die zu Opfern von Kriegen werden. Dies sind keine abstrakten Verluste. Jeder Verlust ist der Verlust eines echten Menschen, und jeder einzelne Verlust bedeutet, dass die Welt einer Familie zusammenbricht. Nun versuchte ich mir vorzustellen, wie ein Geschichtsbuch über den Krieg im Donbas aussehen würde, in dem mein Bruder einer dieser unglücklichen Verluste war. Ich versuchte, ihn als Teil der Opferzahlen wahrzunehmen, aber es gelang mir nicht. Mein Bruder passte in keine Zahl, egal wie groß oder klein.

„Kosten" erschien mir plötzlich als komisches Wort. Ich stellte mir zwei Leute vor, die sich auf einem Markt unterhielten:

„Wie viel kosten Ihre Kriege?"

„Oh, das kommt ganz darauf an, Sir. Denken Sie an einen kleinen lokalen Krieg oder an einen totalen, weltweiten Krieg?

„Ein kleiner lokaler, um damit zu beginnen."

„Alles zwischen fünf- und zwanzigtausend".

„Wie wäre es mit einem großen?"

„Ich fürchte, es wird um Millionen gehen."

„Millionen, was? Dann bleibe ich erst mal bei dem kleinen."

„Gute Wahl, Sir. Soll ich ihn für Sie einpacken?"

„Nein, das ist schon in Ordnung. Ich habe es nicht weit."

Dieser groteske Dialog spielte sich in meinem Kopf ab, als ich versuchte, mit meinen Schülern über militärische und zivile Opfer, die Shoah, die Vergewaltigungen, die Zerstörung und die Traumata zu sprechen.

Den Rest des Unterrichts verbrachte ich damit, mich auf die Fakten zu konzentrieren und zu versuchen, den Kloß in meinem Hals hinunterzuschlucken, den ich spürte. Ich wollte meine persönliche Tragödie nicht mit meinen Studenten teilen. Ich liebe das Unterrichten, es liegt mir im Blut, aber nur die Rolle des Dozenten zu spielen, ist unnatürlich. Meine wahren Gedanken vor meinen Studenten zu verbergen, fühlte sich falsch an, als ich von ihnen eine ehrliche und aufgeschlossene Analyse der Geschichte verlangte. Ich fühlte mich wie ein Versager, weil ich mich nicht von dem Thema, das ich unterrichtete, distanzieren konnte und stattdessen zusehen musste, wie Neutralität, Unparteilichkeit, Objektivität und all die anderen Qualitäten, die ein Historiker besitzen sollte, einfach aus dem Fenster flogen. Ich hatte das Gefühl, dass ich nie wieder in der Lage sein würde, Krieg zu unterrichten. Ich begann auch an meiner Fähigkeit zu zweifeln, Krieg zu erforschen.

Das Vorlesungszeit war zu Ende, aber die Saison der Konferenzen hatte gerade erst begonnen. Ich beschloss, nach dem Tod meines Bruders keine Konferenzverpflichtungen abzusagen. Ich dachte, dass tiefer in die Arbeit über den Krieg einzutauchen, würde mir helfen, mich vom aktuellen Krieg abzulenken. Ich irrte mich. Jedes Mal, wenn ich einen Vortrag hielt, hatte ich eine Panikattacke. Ich bin mir nicht sicher, ob mir damals bewusst war, dass es sich um Panikattacken handelte, aber ich wusste, dass die Reaktion, die ich bei diesen Konferenzen hatte, anders war als die übliche Nervosität, die man hat, wenn man in der Öffentlichkeit spricht. Ich fühlte mich schwindlig, atemlos, übel, ein bisschen so, als würde ich sterben. Ich schämte mich und hatte Angst davor, dass andere mich in diesem Zustand sehen und für unprofessionell halten würden.

Ich hatte Angst, dass die Leute meine Arbeit durch das Prisma meiner persönlichen Tragödie beurteilen würden: „Ihr Bruder ist im Krieg gefallen, und deshalb sagt sie, was sie sagt..." Ich merkte, wie die Leute, die von meiner persönlichen Verbindung zum Krieg wussten, mich jedes Mal ansahen, wenn jemand „die Familien, die ihre Angehörigen verloren haben" erwähnte. Ich wollte nicht die Alibischwester der Soldaten sein. Ich wollte, dass meine professionelle Arbeit nach ihrem Wert beurteilt wurde. Ich begann, Konferenzen zu hassen, und fürchtete den Smalltalk in den Mittagspausen und bei Abendempfängen. Der Krieg im Donbas kam immer zur Sprache. Ich konnte keinen Smalltalk über den Krieg machen.

Mitten in einer Konferenz, während eines bestimmten Vortrags, begann ich zu verstehen, was eine so starke Reaktion in mir auslöste. Es handelte sich um den Vortrag eines relativ jungen und relativ angesehenen Akademikers, der etwa dreißig Minuten (länger als die für seinen Vortrag vorgesehene Zeit, die sich wie eine Ewigkeit anfühlte) damit verbrachte, über den laufenden Krieg zu theoretisieren. Das Theoretisieren selbst war nicht beunruhigend; schließlich tue ich selbst etwas Ähnliches. Der Versuch, einen Rahmen und eine Sprache zu finden, die es uns ermöglichen, über Kriege zu sprechen, ist unerlässlich. Was mich jedoch beunruhigte, war, dass es in dem Vortrag zwar um den Krieg ging – d. h. um ein Ereignis, bei dem Menschen leben und sterben – dass er aber völlig ohne Menschen auskam. Er bezog sich auf Philosophen und Theoretiker und enthielt selbstgefällige intellektuelle Witze. Es half auch nicht, dass ich den Autor am Morgen vor dem Vortrag dabei beobachtet hatte, wie er den Vortrag fertigstellte (oder ihn sogar von Grund auf neu schrieb?). Es half auch nicht, dass ich wusste, dass das Honorar, das die Redner für ihre Vorträge erhielten, mich eingeschlossen (was nicht oft vorkommt, aber bei dieser Konferenz der Fall war), dem Monatsgehalt derjenigen entsprach, die an der Front dienten. Aber all das wäre in Ordnung gewesen, denke ich, wenn es nicht so ausgesehen hätte, als würden die Menschen, über die der Wissenschaftler sprach, nicht beachtet. Ich erwartete weder Sympathie noch Respekt. In meinem eigenen Beitrag kritisierte ich die Militarisierung und die Kultur der Heroisierung toter Soldaten. Alles, was ich erwartet hatte, war eine Art Anerkennung der Subjekte als Menschen, gut, schlecht und hässlich, nicht nur als Gegenstand theoretischer Analysen und philosophischer Spekulationen.

Dieser Vortrag veranlasste mich dazu, über meine eigene Reaktion auf die akademische Arbeit nachzudenken, die ich geleistet habe. Hatte ich mich zu sehr engagiert? Hatte ich aufgehört, eine Wissenschaftlerin zu sein, als ich die Schwester eines gefallenen Soldaten wurde? War ich in der Lage, unparteiisch zu sein? Sollte ich unvoreingenommen sein? Ich sagte mir: Es ist ein Job wie jeder andere. Man macht ihn, geht nach Hause, vergisst ihn und kehrt zu seinem Leben zurück. Die Sache ist die, dass mein Job nie so war, auch nicht bevor mein Bruder getötet wurde. Er *war* mein Leben, und die Diskussionen über den Krieg waren auch mein Leben. Jetzt, wo der Krieg selbst zu einem Teil meines Lebens geworden war, wollte ich verzweifelt, dass er nur noch ein Job sein sollte, aber ich wusste nicht, wie ich das anstellen sollte.

Seit dem Tod meines Bruders ist der Krieg Teil meiner täglichen Existenz, und ich habe gelernt, damit zu leben. Ich wünschte, ich könnte sagen, dass ich bei Konferenzen, die dem Krieg gewidmet sind, keine Panikattacken mehr bekomme, aber das wäre nicht wahr. Eines habe ich jedoch gelernt: Persönliche Verletzlichkeit ist kein Zeichen von Versagen; sie kann eine Diskussion über etwas so Unvorstellbares und doch so Alltägliches wie den Krieg wirksam fördern. Ich habe auch gelernt, dass Ehrlichkeit und Unparteilichkeit nicht unvereinbar sind.

„Ihr Unterricht über den Zweiten Weltkrieg ist anders als die anderen Kurse, die ich zu diesem Thema habe", sagte mir ein Student, der sich auf Kriegsstudien spezialisiert hatte und sich darauf vorbereitete, nach seinem Abschluss in die britische Armee einzutreten.

„Wie das?", fragte ich. Er dachte eine Weile nach und suchte nach dem passenden Wort.

„Sie sind *emotional*", sagte er schließlich.

Ich dachte, er müsse das gesagt haben, weil ich eine der wenigen Frauen in der Abteilung war, die Krieg unterrichteten. Es war das Ende des Semesters, und ich war zu müde, um ihm zu erklären, warum die Verwendung von „emotional" problematisch sein könnte, also bat ich ihn einfach zu erklären, was er meinte.

„Sie sprechen über Menschen. In Ihrem Unterricht geht es nur um Menschen. Nicht nur um Schlachten, sondern um Menschen", erklärte der junge Mann.

„Nun, es sind Menschen, die diese Schlachten schlagen, richtig? Es sind Menschen, die sterben und andere Menschen töten", versuchte ich zu erklären, was mir so offensichtlich erschien, aber offensichtlich nicht allen klar war.

„Ja, ich denke schon. Ich hatte nur vorher nicht so darüber nachgedacht", gab der Schüler zu, der bald Soldat werden sollte.

# Der sicherste Ort in der Armee

Ich hatte das Gefühl, diesen Ort sowohl sehr gut als auch überhaupt nicht zu kennen. Ich hatte zehn Jahre meiner Kindheit direkt daneben verbracht. Ich sah zu, wie meine Freunde ihre ersten Zigaretten in der Nähe der Mauern rauchten, schwänzte den Unterricht im Hof gegenüber, und jeden Werktagmorgen beobachtete ich mit einer Mischung aus Neugier und Misstrauen, wie seltsame Gestalten in Uniform in dem Gebäude ein- und ausgingen. Das Gebäude, seine Unzugänglichkeit (man konnte es nur durch ein spezielles Sicherheitstor betreten), seine Abgeschiedenheit (es war von einem hohen Zaun umgeben; zumindest kam er mir damals hoch vor), seine Männlichkeit (fast jeder, der ein- und ausging, war ein Mann) verkörperten in meinem beeindruckbaren jungen Geist Sowjetität, Institutionalismus und Patriarchat, auch wenn ich diese Konzepte damals noch nicht ganz verstand.

Das Gebäude war das Lwiwer Militärkommissariat. Es war ein Ort, an dem erwachsene Männer in Uniform zur Arbeit gingen. Es war ein Ort, an dem junge Männer ohne Uniform ankamen - oft widerwillig - um in Uniform gekleidet und irgendwohin geschickt zu werden, wo „sie Männer aus ihnen machen würden". Und es war ein Ort, an dem Mütter mit Tränen in den Augen und mit Umschlägen voller Geldscheine kamen und ohne Geldscheine, aber mit einem Gefühl der Erleichterung darüber, dass ihre männlichen Sprösslinge nicht irgendwo weit weg von ihren fürsorglichen Augen „zu Männern gemacht" werden würden, wieder gingen.

Ich kannte das Gebäude gut, nicht nur, weil mein Vater in den 1970er Jahren in der Sowjetarmee gedient hatte und während meiner gesamten Kindheit auf der Reserveliste der neuen ukrainischen Streitkräfte stand, und nicht nur, weil ich zwei Brüder hatte, die das Gebäude im Visier hatte. Ich kannte es gut, weil meine Schule direkt daneben war.

Meine Schule hatte eine hervorragende Lage: Sie lag zwischen dem Militärkommissariat auf der einen und einer Brauerei auf der anderen Seite. Beide atmeten Männlichkeit, und oft hatte dieser Atem den gleichen Geruch: nach billigem Alkohol. Beide waren umgeben von einem hohen Zaun und einer Rezeption, an der man sich ausweisen musste. Und beide waren in meinem Kopf als Orte verankert, die ich nicht betreten durfte. Mich störte diese Einschränkung meiner Bewegungsfreiheit nicht. Wenn man als Mädchen aufwächst, gewöhnt man sich daran, dass die Räume um einen herum allein aufgrund des Geschlechts undurchdringlich sind. Jedenfalls bevorzugte ich Theater und Konzertsäle, und so war ich froh, dass die Jungen die Brauerei und das Kommissariat haben konnten, wenn sie es wollten.

Die Sache ist jedoch die, dass die Jungen es nicht wirklich wollten, zumindest wenn es um das Militärkommissariat ging. Deshalb versuchten die Mütter mit ihren Briefumschlägen, die oft verarmten, manchmal aber auch einfach nur korrupten Armeebeamten zu bestechen. Gemeinsam bemühten sie sich, irgendeine Krankheit oder einen anderen Grund zu erfinden, um einen jungen Mann von seiner Wehrpflicht zu befreien.

Wie viele andere gute ukrainische Mütter war meine Mutter bereit, ihre elterliche Pflicht zu erfüllen und einen Beamten zu bestechen, um sicherzustellen, dass ihr Erstgeborener nicht in einer Uniform zum Mann wurde, die oft mit Schikanen, Misshandlungen und Demütigungen einhergeht. Aber im Gegensatz zu vielen seiner Altersgenossen wollte Wolodja wirklich in der Armee dienen. Er glaubte wirklich, dass dies der einzige Weg zum Mannsein sei. Meine Mutter musste also seinen Wunsch akzeptieren und ihn einberufen lassen.

Die Geschichte nahm jedoch eine andere Wendung. In Wolodjas Krankenakte fand sich ein Eintrag, der ihn vom Dienst ausschloss. Der ansonsten gesunde Junge hatte einen Anfall gehabt, der die Ärzte vermuten ließ, dass er Epilepsie entwickeln könnte. Das war nicht der Fall, aber der Eintrag blieb. Wir hatten es alle vergessen, aber bekanntlich werden sowjetische Akten nicht verbrannt (es sei denn, man besticht jemanden, der dafür sorgt, dass sie verbrannt werden). Die Aufzeichnungen tauchten wieder auf, als Wolodja zum Dienst einberufen wurde. Man teilte ihm mit, dass er doch nicht zum Dienst zugelassen würde.

Die Verzweiflung eines Jungen, der sich danach sehnt, ein Mann zu werden, ist schwer zu beschreiben. Nach all der üblichen Aufregung um die Einberufung eines jungen Mannes zur Armee, zu der die ganze Familie und alle Freunde der Familie eingeladen wurden, als ob man ihn in den 1940er Jahren in den Krieg schicken würde, war es mehr als enttäuschend, wenn man erfuhr, dass man nicht zum Dienst gehen würde. Nun benutzte meine Mutter den Umschlag, mit dem sie ihn nicht von der Wehrpflicht befreit hatte, um dafür zu sorgen, dass sein Traum von der Wehrpflicht tatsächlich in Erfüllung ging. Um es ihr noch schwerer zu machen, entpuppte sich Wolodja als ehrgeiziges Kind: Er wollte nicht nur eingezogen werden, sondern zur Marine gehen. In den 1990er Jahren gab es in den ukrainischen Streitkräften keinen härteren Ort als die Marine. Meine Mutter scheiterte. Sie schaffte es nicht, ihn in die Marine zu bekommen. Sie schaffte es jedoch, die zweitbeste (oder zweitschlechteste, je nach Sichtweise) Lösung zu finden: Er wurde in die Nationalgarde eingezogen, die nach der ukrainischen Unabhängigkeit im Jahr 1991 gegründet worden war.

Der Dienst meines Bruders fiel mit der ersten „Krim-Krise" zusammen: Zwischen 1991 und 1994 teilten die Ukraine und Russland die Schwarzmeerflotte unter sich auf, und Russland versuchte, die Kontrolle über die Halbinsel zu erlangen. In dieser Zeit wurde auch die erste ukrainischsprachige Schule auf der überwiegend russischsprachigen Krim eröffnet. Eine Gruppe von Kindern aus der ukrainischsprachigen Stadt Lwiw wurde als Delegation geschickt, um die Kinder auf der Krim kennenzulernen. Zufälligerweise gehörte ich zu dieser Gruppe und sah die wunderschöne Halbinsel zum ersten Mal. Ich erinnere mich, dass ich von einem Krimtataren gefahren wurde, der meiner Mutter erklärte, wie schwer es für ihn und seine Familie war, sich dort niederzulassen, und dass er die Krim-Ukrainer gut verstand, weil sie einer ähnlichen Diskriminierung ausgesetzt waren. Die Krimtataren waren 1944 von Stalin deportiert worden, nachdem sie *massenhaft* der Kollaboration mit den Nazis beschuldigt worden waren. Erst in den 1990er Jahren begannen sie zurückzukehren und ihre Heimat zurückzuerobern. Als Kind von etwa neun Jahren verstand ich nicht ganz, was vor sich ging, aber ich trug stolz mein traditionelles besticktes Hemd und ließ mich darin vor den exotischen, sonnenbeschienenen Landschaften der schönen Krim fotografieren.

Als mein Bruder von unserer kleinen Eskapade erfuhr, war er bereits Soldat bei der Nationalgarde. Er war wütend. Ich hatte ihn noch nie so mit meiner Mutter sprechen hören. Er rief sie von seiner Einheit in Kyjiw aus an und sagte ihr, dass unser Verhalten unverantwortlich sei, dass sie, während wir in unseren bestickten Hemden herumspazierten, den Befehl erhalten hatten, sich für einen möglichen Einsatz auf der sonnigen Halbinsel bereitzuhalten, um die territoriale Integrität der Ukraine zu schützen. Er schien so besorgt um unser Wohlergehen. Vielleicht wurde er ja doch noch erwachsen. Ob das nun wegen oder trotz der Armee war, ist eine andere Frage.

Eineinhalb Jahre später war sein Dienst beendet, und er kehrte als Feldwebel nach Hause zurück. Er hatte die Bedeutung von Macht und deren Missbrauch, von Hierarchie und Ungerechtigkeit und viele andere Dinge gelernt, die beim Eintritt ins Erwachsenenleben nützlich waren. Er hatte auch gelernt, dass er kein Berufssoldat werden wollte. Die Armee hatte in dieser Hinsicht eindeutig noch einiges zu tun, es sei denn, sie hätte das Ziel verfolgt, die jungen Männer, die sie ausbildete, dauerhaft von allem abzuhalten, was mit dem Militär zu tun hatte.

Mehr als zwei Jahrzehnte nach der Einberufung meines Bruders war das Militärkommissariat ein erbärmlicher Anblick. Selbst für mich, inzwischen viel erwachsener und weniger beeinflussbar, war es immer noch der Inbegriff von Sowjetismus, Institutionalismus und Patriarchat.

Meine Mutter, mein Partner und ich blieben an der Rezeption stehen, da wir keine Ausweise hatten, die uns den Zutritt ermöglicht hätten. Ich sprach den Wachmann an und sagte ihm, dass wir Alla Viktoriwna besuchen wollten. Er winkte uns einfach durch. Es stellte sich heraus, dass der Ort doch nicht so undurchlässig war.

Als ich durch das Labyrinth der Straßen im Inneren des Kommissariats ging, bemerkte ich die abblätternde Farbe an den

Fassaden der Gebäude und die halb zerfetzten lächelnden Gesichter von Soldaten und ihren Familien auf den schlecht gestalteten Rekrutierungsplakaten. Einige Ziegelsteine in den Wänden fehlten oder sahen aus, als würden sie gleich verschwinden. Schließlich fand ich mich in dem inneren Heiligtum wieder, das ich als Schülerin nicht betreten durfte. Es glich den Ruinen eines Tempels, der zusammen mit dem Regime, das ihn errichtet hatte, zusammengebrochen war.

Alla Viktoriwna erinnerte sich noch gut an Wolodja, als er sich zum Dienst im Donbas gemeldet hatte. Sie erzählte uns, wie sie sich daran erinnerte, ihn im Flur sitzen gesehen zu haben – „Dort, genau dort auf diesen Stühlen“ – sie zeigte auf die baufälligen Stühle im Korridor vor ihrem Büro.

„Ich sagte: 'Sonnenschein, du bist nicht in diesem Kommissariat registriert. Du solltest zu dem gehen, bei dem du registriert bist.'“

Sonnenschein. Ich glaube nicht, dass irgendjemand von uns ihn jemals mit so etwas Ähnlichem wie „Sonnenschein“ angesprochen hat, aber diese Fremde schon. „Sonnenschein.“ Mir gefiel es, dass sie meinen Bruder so nannte.

„Aber er wollte nichts davon wissen“, erzählte sie weiter. „Er sagte: 'Von hier aus bin ich zum Wehrdienst gegangen und von hier aus werde ich in den Krieg ziehen.'“

Sie gab nach. Wolodja zog von ihrem Kommissariat aus in den Krieg. Vor zwanzig Jahren überzeugte er eine Frau – meine Mutter – alles in ihrer Macht Stehende zu tun, damit er zu seinen Bedingungen zur Armee gehen konnte, und zwanzig Jahre später tat er dasselbe bei einer anderen.

Alla Viktoriwna nahm die emotionale Arbeit auf sich, mit uns, den trauernden Familienmitgliedern, zu sprechen und uns zuzuhören, und versuchte uns zu trösten, während wir durch die Flure des Kommissariats zum Büro von Oleh gingen, dem Offizier, der uns ein Jahr zuvor vor der Beerdigung am Flughafen abgeholt hatte. Er trug die gleiche Uniform wie all die Männer, die in meiner Kindheit hinter dem hohen Zaun verschwunden waren. Ich bemerkte, dass sie ihm stand. Nachdem er uns begrüßt hatte, nahm sein eher freundliches Gesicht – ungewöhnlich für einen

Soldaten – den strengen Blick an, der mir seit dem Tag vertraut war, als er uns am Flughafen abholte. Er muss auf diesen Gesichtsausdruck trainiert worden sein, oder aber das war ganz natürlich, nachdem er ein paar Familien wie die unsere getroffen hatte, um ihnen die Nachricht vom Verlust eines geliebten Menschen zu überbringen.

Er sprach meine Mutter in einem offiziellen Ton an, der zu seinem offiziellen Gesichtsausdruck passte:

„Ich überreiche Ihnen diese Tapferkeitsmedaille, die Ihrem Sohn posthum verliehen wurde."

Er überreichte meiner Mutter eine kleine Schachtel mit einer Medaille darin. Er zeigte uns auch einen Eintrag über meinen Bruder in einer Gedenkschrift. Dies war bereits der dritte Band in dieser Reihe. Es würde nicht der letzte sein. Wir wurden alle still. Wir hatten alle Mühe, unsere Tränen zurückzuhalten.

Wo bewahrt man eine Medaille auf, die posthum verliehen wird? Sie ist nicht dasselbe wie die Schwimmtrophäe deines Kindes oder die Urkunde eines Malwettbewerbs. Man stellt sie nicht auf den Kaminsims oder hängt sie an die Wand. Vielleicht vergräbt man sie einfach irgendwo in einer Schublade. Irgendwo, wo sie zusammen mit deinem Herzschmerz, deinen Erinnerungen und deiner Liebe aufbewahrt werden kann.

Das Schweigen dauerte zu lange, also beschloss ich, etwas zu sagen.

„Weißt du, ich habe ein Stück über Wolodja geschrieben. Über seinen Tod. Na ja, auch über sein Leben. Hättest du Interesse, es zu sehen?"

Während ich sprach, wurde mir klar, dass Alla Viktoriwna und Oleh denken mussten: „Wovon in aller Welt redet sie? Was für ein Stück?", aber sie sagten beide: „Natürlich!"

„Schicke es mir über Viber", fügte Alla Viktoriwna hinzu, „und ich werde es an Oleh weiterleiten."

„Warum gebt ihr mir nicht einfach eure Arbeits-E-Mail-Adressen, und ich schicke euch beiden das Video per E-Mail zu, und vielleicht könnt ihr es hier mit anderen Kollegen ansehen", schlug ich vor. Ich deutete auf den Computer auf einem alten Holztisch.

„Nein, hier können wir es nicht sehen“, antwortete Alla Viktoriwna und zeigte auf denselben Computer. „E-Mails kann ich nur zu Hause oder auf meinem Handy lesen. Das Militärkommissariat ist nicht an das Internet angeschlossen.“

Ich konnte nicht glauben, was ich da hörte. In einem Land, in dem jedes Café über WLAN verfügt, das oft nicht durch ein Passwort geschützt ist und schneller ist als die Breitbandverbindung, die ich zu Hause in London habe, benutzen die Mitarbeiter des Militärkommissariats ihre privaten Telefone, um mit Leuten wie uns in Kontakt zu bleiben und ihre E-Mails zu lesen, wenn sie von der Arbeit nach Hause kommen.

„Aber kein Internet zu haben, ist vielleicht gar nicht so schlecht“, fügte Alla Viktoriwna in ihrer gewohnt fröhlichen Art hinzu. „Das bedeutet, dass wir keine Angst vor einem Cyberangriff durch den Feind haben.“

Wir lachten alle. In der Tat. Wenn es um Cyber-Attacken ging, war dies wohl der sicherste Ort in der Armee.

Ich schickte Alla Viktoriwna den Link zur Aufzeichnung meiner Sendung über Wolodja über Viber. Vielleicht sah sie sie zu Hause. Vielleicht sogar mit ihrem Mann, der ein hochrangiger Berufssoldat war. Vielleicht sogar mit ihrem Sohn, der vor kurzem von der Front zurückgekehrt war, glücklicherweise lebend.

# Gemütliches Grab

„Wissen Sie, wie man diese Blumen länger haltbar machen kann?“, fragte mich eine Frau, als ich mit einem Blumentopf herumspielte, den ich gerade gekauft hatte.

„Nein, können Sie mir es sagen? Was ich hierher bringe, wird immer schnell trocken. Es wäre toll, wenn ich sie haltbar machen könnte.“

Sie erklärte mir die Strategie, aber sie war zu kompliziert für mein Nicht-Gärtnergehirn. Irgendwann verlor sie die Geduld mit mir und sagte: „Kommen Sie doch mit, dann zeige ich Ihnen bei einem anderen Grab, wie man das macht.“

Wir gingen von Grab zu Grab und diskutierten über Pflanzen, Töpfe und Methoden, sie am Leben zu erhalten. An diesem Ort für die Toten war das Gespräch über die Verlängerung des Lebens, wenn auch das der Blumen, erfrischend.

„Im Grunde schneidet man die Hälfte einer großen Plastikflasche ab und setzt die Pflanze hinein. Auf diese Weise hat sie mehr Wasser und hält länger. Die kleinen Schalen, die man in den Geschäften bekommt, sind auf Gräbern einfach nicht geeignet. Sie funktionieren vielleicht zu Hause auf einer Fensterbank, aber nicht auf einer Granitplatte.

Die Frau zeigte mir genau, wie man es macht. Ich sagte, ich würde es versuchen, obwohl ich mir nicht sicher war, ob ich es schaffen würde, da ich in diesen Dingen noch nie sehr gut war.

„Wissen Sie, ich war in jedem Geschäft, um etwas Schöneres für diesen Zweck zu kaufen, damit es keine abgehackte Flasche ist, sondern etwas, das wirklich schön aussieht. Aber so etwas haben sie nicht! Ich verstehe nicht, warum. Ich überlege sogar, ob ich mir ein spezielles Gefäß für dieses Grab aus Polen bestellen soll.“

Sie zeigte auf das Grab neben uns. Es gehörte einem berühmten Soldaten, der eine erfolgreiche Karriere als Opernsänger in Westeuropa aufgegeben hatte, um in der Ukraine zu kämpfen.

„Sind Sie verwandt?“, fragte ich vorsichtig, denn ich wusste, wie schwierig diese Fragen sein konnten.

„Nein“, sagte sie und verstummte.

„Nein" war eine zu kurze Antwort für eine so gesprächige Frau, aber ich fühlte mich unwohl dabei, das Thema weiter zu verfolgen, also sagte ich mir, dass es mich nichts anginge, in welcher Beziehung die Frau zu dem toten Soldaten stand. Wir sprachen weiter über Pflanzen.

„Sehen Sie diese Ringelblumen? Sie mögen viel Wasser. Eine Menge Erde. Da ich sie hier nicht einpflanzen kann, weil es keine Erde gibt, in die man sie direkt auf dem Grab einpflanzen könnte, habe ich diese speziellen Töpfe für sie gemacht. Sehen Sie, wie tief sie sind?"

Die gepflegten Töpfe mit den Ringelblumen waren mir schon früher aufgefallen, und ich hatte mich oft gefragt, wer sie pflegte, denn sie brauchten sicher viel Pflege, um in einem so guten Zustand zu bleiben. Jetzt wusste ich, wer dafür verantwortlich war, und ich konnte nicht länger widerstehen, sie nach ihrer Verbindung zu dem Grab mit den Ringelblumen zu fragen.

„Ich habe keine Verbindung. Niemand, den ich kenne, ist hier begraben. Niemand, den ich kenne, hat im Krieg gekämpft. Es ist nur so, dass ich irgendwann angefangen habe, hierher zu kommen und mich um dieses Grab zu kümmern. Dann lernte ich die Verwandten dieses Soldaten und andere aus seinem Umfeld kennen. Und jetzt habe ich Sie kennengelernt. Wir sind hier wie eine kleine Gemeinschaft. Ich weiß gar nicht, wie ich früher leben konnte, ohne diese Leute zu kennen."

Ich wusste nicht, was ich darauf erwidern sollte, also fuhr sie mit ihrem Monolog fort.

„Wissen Sie, es ist wirklich erschreckend, wenn man in den Nachrichten liest, dass ein Grab an diesem oder jenem Ort geschändet wurde. Du wachst auf und denkst: Was ist, wenn *dein* Grab geschändet wird?" Sie sagte dies mit echter Besorgnis in ihrem Gesicht.

„*Ihr* Grab?" fragte ich behutsam.

„Ich meine das, um das ich mich kümmere", stellte sie klar. „Ich beruhige mich und sage: „Das wird nicht passieren: Bei mir wird das nicht passieren, denn hier gibt es eine Videoüberwachung. Aber dann denke ich: Videoüberwachung allein reicht vielleicht nicht aus! Es wäre toll, wenn sie hier eine Webcam installieren würden. Dann könnte man zu jeder Tageszeit online gehen und sich das Grab live ansehen."

Wieder antwortete ich nicht. Mir fiel nicht ein, was ich sagen sollte. Ich fragte mich immer wieder, warum eine Frau, die keine Verwandten oder Freunde auf diesem Friedhof hatte, nicht nur mehrmals in der Woche die Gräber pflegte, sondern auch online nach ihnen sehen wollte. Hatte sie denn nichts Besseres zu tun? Hatte sie nicht ein Leben zu leben?

Diese ganz in Schwarz gekleidete Frau schien das Grab eines Soldaten zu übernehmen, als wäre es das ihres Partners oder eines Familienmitglieds. Ich konnte das nicht begreifen: Ich hatte einen echten Grund zu trauern, und ich bemühte mich so sehr, weiterzumachen und nicht in meiner Trauer zu verharren. Aber hier war eine Frau, die niemanden in diesem Krieg verloren hatte und die eine Trauer, die nicht zu ihr gehörte, so bereitwillig anzunehmen schien, dass sie sie sich zu eigen machte.

Meine neue Bekannte, die meine Verwirrung oder vielleicht auch mein Urteil spürte, erklärte sich weiter: „Diese Webcam wäre gut für Leute wie Sie! Sie wohnen doch nicht hier, oder?" (Die Menschen in der Ukraine erkennen normalerweise sofort, wenn jemand im Ausland lebt). „Sie können wahrscheinlich nicht oft hierher kommen. Sie könnten einfach online gehen und sehen, wie es dem Grab geht."

Wie es dem Grab geht. Ich wusste, dass ich, so seltsam es auch klingen mochte, tief in meinem Inneren gerne online gehen würde, wo immer ich auch war, um zu sehen, wie es dem Grab ging. Seitdem mein Bruder beerdigt wurde, hatte ich das unbändige Verlangen, sein Grab zu besuchen. Ich sehnte mich danach, es zu sehen, Zeit dort zu verbringen, die Kerzen anzuzünden, frische Blumen zu bringen, den Granit zu reinigen, es gemütlich zu machen. Ich wusste, dass „gemütlich" nicht gerade das war, was ein Grab sein sollte. Schon gar nicht ein Soldatengrab, mit seinem einheitlichen Grabstein, der strengen goldenen Inschrift über den militärischen Rang, den Ort und die Art des Todes und der obligatorischen Zeile „Ewiges Andenken an den Helden". Aber ich ging nicht hin, um einen militärischen Helden zu besuchen. Ich ging hin, um meinen Bruder zu besuchen. Und ich wollte, dass sein Grab gemütlich war.

Als ich die Zeichnungen des zukünftigen Grabsteins von dem für das Militärpantheon verantwortlichen Architekten erhielt, war ich entsetzt über die Aussicht, dass mein Bruder für immer militarisiert werden würde: Mit einem Foto in Uniform auf dem dunklen Granit würde die vielseitige und komplexe Persönlichkeit meines Bruders für immer auf die eines Soldaten reduziert werden. Ich war mir nicht sicher, ob er sich dagegen wehren würde. Er hatte in seinem Leben viele Rollen und Berufe ausprobiert und schien sich in seiner letzten Inkarnation als Krieger sehr wohl zu fühlen. Aber ich war dagegen, weil ich wusste, dass in ihm so viel mehr steckte als das.

Nachdem ich mich mit meiner Familie beraten hatte, beschloss ich, das Grab ein wenig zu entmilitarisieren, indem ich ihm eine kleine zivile Umgestaltung gab. Der Architekt sagte uns, dass wir etwas unserer Wahl auf der Rückseite des Grabsteins eingravieren könnten. Ich hatte dies auf anderen Grabsteinen in der Nähe meines Bruders gesehen. Auf einigen waren Bibelstellen eingraviert, am beliebtesten war die Zeile aus dem Johannesevangelium: „Es gibt keine größere Liebe als die, sein Leben für seine Freunde hinzugeben". Andere hatten ein fast lebensgroßes Bild des gefallenen Soldaten in voller militärischer Ausrüstung. Einige enthielten eine Nachricht der Familie, in der sie ihre Trauer zum Ausdruck brachten.

Ich beschloss, dieses Stück Stein zu verwenden, um mich und andere daran zu erinnern, dass mein Bruder auch ein Künstler war. Ich wählte meine Lieblingszeichnung von ihm aus und ließ sie auf der Rückseite des Grabsteins eingravieren. Sie zeigte einen zaubererähnlichen Mann, der mitten im Nirgendwo spazieren geht, eine Katze neben ihm, einen Adler im Flug über ihm und einen langen Weg hinter ihm. Jetzt konnte ich also meinen Bruder – den Krieger – sehen, den ich nicht so gut kannte, wenn ich vor dem Grab stand, und wenn ich dahinter ging, konnte ich meinen Bruder – den Künstler – sehen, den ich so gut kannte, wie man eine so komplizierte Person kennen kann. Ich hatte das Gefühl, dass ein gewisses Gleichgewicht wiederhergestellt worden war.

Ich verstand, dass ich mit meinem Wunsch, das Grab zu zivilisieren, es zu verschönern, wann immer ich konnte, und so viel Zeit dort zu verbringen, genauso seltsam war wie meine neue Bekannte mit ihrer Besessenheit von Ringelblumen. Der Person, deren Gebeine unter dem Granit lagen, war es wahrscheinlich völlig egal, ob das Grab gemütlich war oder ob die Blumen hielten. Sie und ich waren es, die es brauchten, dass „unsere Gräber" gemütlich waren.

„Wissen Sie, einmal im Monat wird hier eine Andacht abgehalten. Und manchmal kommen Beamte, um Blumen auf die Gräber zu legen und so weiter", sagte die Frau.

Ich nickte. Ich sagte ihr nicht, dass ich kein großer Fan dieser offiziellen Rituale bin. Sie dienten sicherlich eher den Politikern, die sie abhielten, als den Toten, die als Kulisse dienten.

„Ich ärgere mich darüber, dass die Soldaten, die bei diesen Veranstaltungen Wache stehen, nicht bis zu unseren Gräbern vordringen. Es ist nicht richtig, dass sie sich nur in der Nähe der Mitte des Pantheons postieren und nicht zu diesen Reihen kommen. Alle Gräber sollten gewürdigt werden, meinen Sie nicht?", sagte sie mit einiger Frustration.

Ich nickte erneut. Als ich in den Nachrichten die Besuche der Offiziellen im Militärpantheon gesehen hatte, war mir aufgefallen, dass sie die Reihen, in denen sich das Grab meines Bruders befand, nicht ganz erreicht hatten. Ein Teil von mir war frustriert, denn so hätte ich die Möglichkeit gehabt, zu sehen, „wie es dem Grab geht", aber hauptsächlich war ich froh, dass mein Bruder – zumindest im Tod – nicht für eine PR-Kampagne benutzt wurde. Ich fand es gut, dass er in Frieden gelassen wurde.

„Sind Sie aus Lwiw?", setzte sie unser Gespräch fort.

„Ja", antwortete ich.

„Hat Ihr Bruder hier oder im Ausland gelebt?", fragte sie weiter.

„Im Ausland".

„Wissen Sie, die Leute verstehen einfach nicht, warum jemand sein bequemes Leben im Ausland aufgeben und an die Front gehen will. Ich sage ihnen: Es ist aus Patriotismus! Aber sie kapieren es nicht!"

Ich habe mich entschieden, ihr nicht zu sagen, dass sie es auch nicht „verstanden“ hat. Dass mein Bruder kein bequemes Leben gegen die Schützengräben eingetauscht hat, dass das Leben im Ausland auch unangenehm sein kann, dass Patriotismus nicht das Einzige ist, was Menschen dazu bringt, in den Krieg zu ziehen, und dass man patriotisch sein kann, ohne an die Front zu gehen.

Ich hörte ihr zu, als sie über Selbstaufopferung sprach, und erinnerte mich an eine andere Bekanntschaft, die ich einige Monate zuvor bei meinem letzten Besuch am Grab meines Bruders gemacht hatte. Als ich meine übliche Arbeit tat, den Staub vom Granit wischte, mich um die Blumen kümmerte und alte Kerzen durch neue ersetzte, spürte ich jemandes Blick auf mir. Ich drehte mich um und sah einen jungen Mann auf einer der Bänke unweit des Grabes sitzen. Er trank Bier. Es war 16.00 Uhr an einem Dienstag. Ich beschloss, ihn anzusprechen.

„Bist du hier, um jemanden zu besuchen, den du kennst?“ Mir wurde klar, dass ich die Frage falsch formuliert hatte, aber sie ergab für mich einen Sinn, denn ich besuchte meinen Bruder, nicht sein Grab.

„Nein“, sagte er. „Aber ich habe im selben Bataillon wie diese Jungs gedient.“

Das Bataillon meines Bruders.

„Kanntest du meinen Bruder? Hast du ihn getroffen? Wart ihr zur gleichen Zeit dort?“ Ich stellte eine Frage nach der anderen, in der Hoffnung, dass ich einen Lebenden aus der Welt gefunden hatte, die für mich zur Welt der Toten geworden war. Aber er sagte, er habe meinen Bruder nie getroffen. Er wurde kurz vor dem Eintritt meines Bruders in das Bataillon demobilisiert. Er hatte Glück. Er hatte den Krieg überlebt. Jetzt konnte er hier sitzen und sein Bier trinken.

Ich fragte ihn, was er seit seiner Rückkehr ins Zivilleben gemacht habe.

„Nichts. Keiner will mich haben. Sie denken, wir sind nicht ganz richtig im Kopf. Sie haben Angst vor uns. Die Leute wollen keine Veteranen einstellen. Sie denken, wir könnten einfach durchdrehen und alle umbringen oder so.“

Er sah nicht so aus, als wäre er in der Lage, jemanden zu töten, aber natürlich war er es, oder er war es gewesen. Er hatte lange Zeit an der Front verbracht, und seit seiner Rückkehr ins Zivilleben hatte er keine psychologische Betreuung erhalten. Er zeigte mir eine Nachricht auf seinem Handy, in der er zur Teilnahme an einer Kundgebung eines Politikers eingeladen wurde, der gerade seinen Wahlkampf begonnen hatte.

„Sie wollen, dass wir für sie stimmen, aber sie wollen nichts für uns tun. Ich weiß, dass es nicht ihre Aufgabe ist, uns Arbeitsplätze zu geben oder was auch immer, aber ich gehe nicht gerne zu diesen Treffen. Ich komme lieber hierher."

Er sah wirklich friedlich aus, wie er auf der Bank saß und sein Bier trank. Seine Augen waren so blau, so heiter. Ich konnte mich noch Monate später gut an sie erinnern. Ich fragte mich, was er wohl tat, während ich in die grauen Augen der Ringelblumenfrau blickte, die mir erzählte, wie man das Leben der Blumen verlängert. Ich bemerkte, dass auch ihre Augen friedlich waren.

Ich verabschiedete mich von ihr und ging zurück zum Grab, um noch ein paar Minuten mit meinem Bruder zu verbringen. Ich schaute in meinen Schminkspiegel und bemerkte Ringe von Wimperntusche, die sich mit Tränen um meine braunen Augen vermischt hatten; ich bemerkte auch, dass sie ein wenig friedlicher aussahen als sonst.

# Die Wohnung. Deine Wohnung

Es ist wirklich praktisch, dass unsere Wohnung in Lwiw nicht sehr weit vom Friedhof entfernt ist. Ich kann in zwanzig Minuten oder sogar weniger dorthin gehen. Und es ist meistens ein angenehmer Spaziergang. Es gibt eine Kreuzung, an der die Autos nicht anhalten, obwohl es dort einen Zebrastreifen gibt, aber ansonsten läuft man, sobald man den Friedhof verlässt, durch einige ruhige, begrünte Wohnstraßen, einen Hügel hinauf, und dann ist man Zuhause.

Zuhause. Wie seltsam ist es für mich, daran zu denken, in dieser Stadt wieder ein Zuhause zu haben. Fast zwanzig Jahre lang hatten wir hier kein Zuhause. Wir verkauften unsere Wohnung, bevor wir auswanderten. Wir hätten nie gedacht, dass wir hier wieder etwas kaufen könnten. Und um ehrlich zu sein, sahen wir auch nie wirklich Sinn darin. Wenn ich in meine Heimatstadt zurückkehrte, war ich meist geschäftlich unterwegs und übernachtete entweder in Hotels, die von Konferenzveranstaltern bezahlt wurden, oder mietete, wenn ich auf Forschungsreise war, eine kleine Wohnung irgendwo weit weg von der Wohnung, in der ich aufgewachsen war. Ich kam nicht einmal gerne an meiner alten Wohnung vorbei. Ich wollte die vertrauten Sehenswürdigkeiten nicht sehen, die vertrauten Gerüche nicht riechen und die Erinnerungen nicht wieder aufleben lassen. Ich war glücklich, ein Tourist zu sein, ein Besucher. Zumindest redete ich mir das ein.

Als mein Bruder starb, wurde meine Mutter von den städtischen Behörden kontaktiert die ihr sagten, dass sie Anspruch auf eine Art Entschädigung hätte. Sie nannten es nicht so. Wie bei den meisten Begriffen, die mit dem Krieg zu tun haben, gibt es dafür einen Euphemismus: „eine einmalige Zahlung“ oder so ähnlich. Es war eine beträchtliche Summe, etwa 14.000 Dollar. Als wir das hörten, waren meine Mutter und ich uns einig, dass wir das nicht wollten. Es war nicht so, dass wir so wohlhabend waren, dass 14.000 Dollar für uns nichts bedeuteten. Ganz und gar nicht. Vielmehr erschien es uns einfach falsch, eine Geldsumme als „Entschädigung“ für das Leben eines geliebten Menschen anzubieten. Die Logik hinter dieser „Einmalzahlung“ besteht natürlich darin, der Familie zu helfen, wieder auf die Beine zu kommen, wenn der Hauptverdiener – und das sind in der Regel die Soldaten und Soldatinnen – nicht mehr in der Lage ist, für sie zu sorgen.

Sie sagten meiner Mutter, sie würden ihr das Geld aushändigen, ob sie es wolle oder nicht, und sie könne dann damit tun, was sie wolle. Meine Mutter dachte darüber nach und stimmte zu, es anzunehmen, vorausgesetzt, Liuba, die Frau, die während der Beerdigung unser Schutzengel gewesen war, würde uns helfen, eine vertrauenswürdige Wohltätigkeitsorganisation zu finden, der die Summe gespendet werden könnte. Und so geschah es dann auch. Die 14.000 Dollar gingen auf dem Konto meiner Mutter ein und wurden sofort an eine Wohltätigkeitsorganisation überwiesen, die kranke Kinder unterstützte. Jeden Monat erhielt meine Mutter einen kleinen Bericht mit Fotos von lächelnden Kindern, denen es immer besser ging und die erfolgreich gegen Krebs oder andere schwere und teure Krankheiten kämpften. Mit dem Geld, das sie spendete, konnten sie die Medikamente bekommen, die sie sich nicht leisten konnten, aber dringend benötigten. Die Freude im Gesicht meiner Mutter, als sie diese Fotos betrachtete, ist schwer zu beschreiben. Ich glaube, es war eine Art Entschädigung für den Verlust meines Bruders.

Doch dann kam ein weiterer Anruf. Diesmal teilten die Beamten meiner Mutter mit, dass sie als Elternteil eines gefallenen Soldaten Anspruch auf eine Ein-Zimmer-Wohnung habe, da sie kein Eigentum besitze. Das war nun ein noch größerer Schock. Wer hätte gedacht, dass so etwas in einem armen Land wie der Ukraine möglich ist? Diesmal dachten wir nicht daran, das Angebot abzulehnen. Wir nahmen es an und bekamen eine kleine Wohnung in einem umgebauten sowjetischen Gebäude aus den 1950er Jahren. In der Zeit, in der das Gebäude als Unterkunft für Arbeiter diente, war die Wohnung offenbar als „Rote Ecke“ genutzt worden: den obligatorischen Raum, der in allen Einrichtungen zu finden ist, gefüllt mit Propagandamaterial, Bildern von Generalsekretären und anderen sowjetischen Utensilien. Als ich zum ersten Mal hineinging, versuchte ich mir vorzustellen, wo wohl die Lenin-Büste gestanden, wo die obligatorische rote Fahne gehangen hatte und wo die tristen sozialistisch-realistischen Bücher gelagert worden waren, die man an die Arbeiter verteilt hatte, um sie zu echten Kommunisten zu machen.

Das war etwas ganz anderes als die Wohnung, in der meine Brüder und ich aufwuchsen. Sie befand sich in einem alten österreichisch-ungarischen Mietshaus im Stadtzentrum, hatte hohe Decken und dicke Wände, und man konnte sich niemals vorstellen, dass eine Lenin-Büste oder eine rote Fahne zu ihrer Einrichtung gehörten. Aber es war mir egal, dass unsere neue Wohnung ein altes sowjetisches Wohnheim war. Das Wichtigste war, dass sie so nahe am Friedhof lag, dass ich das Grab frühmorgens besuchen konnte, wenn ich die Wohnung verließ, um auf Geschäftsreise zu gehen, oder abends auf dem Heimweg.

Zuhause. Ich hatte wieder ein Zuhause in meiner Stadt. Ich hatte es, weil mein Bruder keins mehr brauchte.

Da keiner von uns dauerhaft in Lwiw lebt, stand die Wohnung zwischen unseren flüchtigen Besuchen leer. Das machte mich ziemlich traurig. Ich wollte nicht, dass unser Haus leer stand. Doch eines Tages erzählte ein Jugendfreund meines Bruders, dass sein Sohn nach Lwiw ziehen wollte, um an der Universität zu studieren. Er hatte einen Platz im Studentenwohnheim bekommen, in einem Zimmer mit zehn anderen Jungen auf einer Etage mit einer Dusche. Meine Mutter lud den jungen Mann sofort ein, stattdessen in unserer Wohnung zu wohnen. Auch das fühlte sich wie eine gewisse Entschädigung an. In der Zeit, in der mein Bruder auf der Straße schlief, war es dieser Freund – der Vater des Studenten – gewesen, der sich um ihn gekümmert, ihm Essen gebracht und seine Dämonen geduldig ertragen hatte. Er war bis zum Schluss ein guter Freund geblieben. Es war nur logisch, dass sein Sohn jetzt von der Freundlichkeit profitieren sollte, die er meinem Bruder vor all den Jahren entgegengebracht hatte.

Bei einem Besuch war ich zum ersten Mal allein in der Wohnung. Mein Vater hatte sie recht gemütlich eingerichtet, die Wände gestrichen und die notwendigen Möbel gekauft. Aber jedes Mal, wenn ich dort übernachtet hatte, fühlte ich mich unwohl. Ich hatte das Gefühl, bei meinem Bruder zu wohnen, während er weg war. Jetzt, wo ich allein dort war, konnte ich mich endlich meinen

Gefühlen stellen. Ich machte mir eine Tasse Tee, setzte mich auf das Sofa und begann mit meinem Bruder zu sprechen, als ob er dort wäre und mit mir eine Tasse Tee trinken würde. Ich sagte ihm, dass das alles so verworren sei und dass ich es wirklich nicht begreifen könne, dass ich ihm aber dankbar sei, dass er uns diese Wohnung geschenkt habe. Ich beschrieb, wie die Wohnung aussah, dass sie früher als „Rote Ecke" gedient hatte, wie sehr es mir gefiel, dass sie so nahe bei ihm, an seinem Grab, lag und dass das Stadtzentrum, das er so sehr liebte, zu Fuß erreichbar war.

Ich trank meinen Tee aus, trocknete mein Gesicht ab, aus dem die Tränen geflossen waren, während ich dieses imaginäre Gespräch mit meinem Bruder führte, und ging ins Bett. Das war das erste Mal, dass ich die ganze Nacht in dieser Wohnung durchgeschlafen habe. Als ich am Morgen aufstand, fühlte ich mich erleichtert. Ich trank schnell einen Kaffee und ging zügig durch die ruhigen Wohnstraßen zum Friedhof. Dafür brauchte ich nicht einmal zwanzig Minuten.

# Was bleibt

Ich kann das Grab meines Bruders nicht oft besuchen. Ich fahre nur ein paarmal im Jahr in meine Heimatstadt. Ich mag es nicht, in meiner Wohnung Schreine mit Fotos von Verwandten zu errichten, die für alle sichtbar sind. Aber ich habe das Bedürfnis, das Andenken meines Bruders ab und zu in den eigenen vier Wänden in irgendeiner Form zu ehren. Ich habe diese Mappe, in der mein Bruder seine Papiere aufbewahrt hat, und in der ich jetzt alle Unterlagen aufbewahre, die mit seiner Zeit im Krieg zu tun haben. Manchmal nehme ich die Mappe aus dem Bücherregal, lege sie vor mich hin und gehe die Dokumente eines nach dem anderen durch.

Sobald ich sie öffne, strömt ein bestimmter Geruch aus ihr heraus und umhüllt mich, bis ich mich daran gewöhnt habe und ihn nicht mehr wahrnehme. Es ist schwer, ihn als etwas anderes zu beschreiben als den Geruch eines Lebens, das einmal war. Es ist eine Mischung aus alternden Papieren, Erde, altem Plastik und Erinnerungen.

Zu all den Dokumenten, die mein Bruder gesammelt hatte, fügte ich seine Sterbeurkunde hinzu. Jetzt liegt sie also neben seiner Geburtsurkunde. Diese beiden Papiere bilden eine Klammer um sein ganzes Leben, sagen aber eigentlich wenig darüber aus. Es gibt auch Gemälde und Zeichnungen, die er angefertigt hat. Eines davon zeigt ein Paar, das einem seltsamen Geist gegenübersteht, der ganz in Weiß gekleidet ist und dem nur eine rote Zunge aus dem Maul ragt. In der Hand hält er eine Sense. Das Paar steht ruhig vor dem Wesen: der Mann trägt einen Anzug, sein braunes Haar reicht ihm bis zu den Schultern, und die Frau trägt einen langen roten Mantel, ihr Haar, das ihr bis zur Taille reicht, ist noch heller rot als ihr Mantel. Über dieser Szene befindet sich eine weitere. Diesmal wird das gleiche Paar von einer Explosion von Farben eingerahmt, die vor ihnen liegt. Sie sind im Begriff, in etwas zu treten, das wie ein Sternenhimmel aussieht. Ich mag es, die Mappe zu öffnen und seine Zeichnungen zu betrachten. Aber sie wecken auch ein Gefühl der Frustration: Warum hat er nicht einfach weiter gemalt? Warum musste er an die Frontlinie gehen?

Die Mappe enthält auch die Visitenkarten, die mir von lokalen Politikern vor dem Leichenschauhaus und sogar am Tag der Beerdigung am Grab gegeben wurden. Ich bewahre sie auf, um mich daran zu erinnern, dass Kriege und Beerdigungen zum Geschäft von jemandem gehören.

Abgesehen von den Papieren ist das Wichtigste, was ich habe, das Telefon meines Bruders. Ich bewahre es jetzt auch in dem Ordner auf. Als ich beschloss, mir den Inhalt zum ersten Mal anzusehen, fand ich Textnachrichten, die an mich gerichtet waren, mich aber nie erreichten. Es stellte sich heraus, dass er öfter versucht hatte, mit mir in Kontakt zu treten, als ich gedacht hatte. Nur waren die Nachrichten nicht immer in der Lage, das Kriegsgebiet zu verlassen. Manchmal habe ich Lust, sie zu beantworten, in der Hoffnung, dass dadurch unsere vielen unvollständigen Gespräche vervollständigt würden.

In seinem Handy fand ich auch Fotos, die er im Kriegsgebiet gemacht hatte, von Unterständen, Waffen, zerstörten Gebäuden, Männern und Frauen, die ich nicht kannte, und sogar einem Kätzchen. Es gab auch Fotos von einer Leiche, einem Skelett in einer Uniform, das offensichtlich von einigen Soldaten im hohen Gras gefunden worden war, die auch auf den Fotos zu sehen waren. Ein Kätzchen, das auf einem Gewehr sitzt, ein Skelett im hohen Gras, ein schöner See, der von einem Minenfeld umgeben sein könnte: Das ist die Art von Fotogalerie, die man auf dem Handy eines Soldaten finden kann. Diese Fotos haben immer mehr Fragen aufgeworfen, als sie beantwortet haben. Was bedeutete das alles für meinen Bruder? War die Welt des Krieges wirklich seine Welt? Hätten die Menschen auf den Fotos seine neue Familie werden können? Wie fühlte sich ein Mann, der immer lange Haare gehabt hatte, mit rasiertem Kopf? Wie fühlte er sich in Khaki? Hatte er Angst, getötet zu werden? Hatte er Angst, ein Teil der Tötungsmaschine zu sein?

Wenn ich mich mit dem Ordner vor mir hinsetze und die Dokumente, Briefe, Videos, Bilder und Texte durchsehe, wird mir klar, dass sie mir nicht helfen, mich an das Leben meines Bruders zu erinnern. Denn was bleibt, sind meist Lücken, und die muss ich mit meinen eigenen Worten füllen. Ich sitze da und denke darüber nach, was wirklich bleibt, jetzt wo er nicht mehr da ist: Ist es der Hass, den ich gegenüber denjenigen empfinde, die davon profitieren, wenn Leben verloren gehen? Ist es die Freundlichkeit, die die Menschen ausdrücken, wenn sie die Geschichte meines Bruders hören? Oder ist es nur eine riesige Lücke, die nur von meinem seltsamen, talentierten und absolut rasend machenden Bruder gefüllt werden konnte?

# Frühling

*Ich habe mir die Videos des schneebedeckten Grabens, des Sees daneben und der gefrorenen Regentropfen so oft angesehen, dass ich das Gefühl habe, diesen unglücklichen Ort selbst besucht zu haben. Ich fing sogar an, die Vorliebe für diesen Ort zu teilen, die mein Bruder in den Videos, die ich in seinem Telefon fand, so deutlich zum Ausdruck brachte. Die Schönheit und die Ruhe dieses Ortes schienen so ungeeignet als Schauplatz für ein Kriegsgebiet. Aber Frieden und Krieg, Gelassenheit und Gewalt können nebeneinander existieren, ob unter Menschen oder in der natürlichen Welt.*

*Wenn der Schnee zu fallen beginnt, wird alles still. Die zerkrümelten Diamanten fallen vom Himmel und legen sich in eine weiche Decke, die sich mit der darunter liegenden Schicht verbindet und darauf wartet, dass andere wie sie eine Schicht darüber bilden. Schicht um Schicht völliger Stille. Von funkelndem Weiß. Lautlosem Frieden. Von oben sieht die Winterlandschaft der ostukrainischen Steppe aus wie eine einzige große Bettdecke, deren Wärmeversprechen einen in die innere Kälte lockt. Man taucht hinein und schläft für immer ein.*

*Nur von oben sieht das weiße Blatt völlig ruhig und leblos aus. Im Innern ist es wie in einem Schwebezustand, irgendwo zwischen Leben und Tod. Die Mäuse sind ziemlich aktiv: Sie bauen ganze Gänge in den Schnee. Zu ihnen gesellen sich die Wühlmäuse, die sich in der weißen Tiefe Höhlen bauen. Dort verbringen sie die Wintermonate versteckt vor Raubtieren. Zumindest scheint es so. Ein Wiesel, das mitten im Winter auf der Suche nach Nahrung ist, ist in der Lage, durch die von ihnen gebauten Gänge zu kriechen. Ein Ort, der für die Sicherheit gebaut wurde, verwandelt sich in ein Labyrinth tödlicher Verfolgung.*

*Eine Füchsin, die dem Wetter entsprechend gekleidet ist, kann ungehindert von der Kälte jagen. Sie wagt sich nachts hinaus, pickt kleinere und größere Nagetiere aus ihren Nestern und macht sie zu ihrem Abendessen. Sie hat einen ausgezeichneten Geruchssinn. Sie braucht nur die Angst der kleinen Biester unter ihr zu wittern, ihr Gesicht im Schnee zu vergraben und schon hat sie die Beute zwischen den Zähnen.*

*Manche Geschöpfe weigern sich, vor Raubtieren zu kapitulieren, ganz gleich, wie viel kleiner oder schwächer sie sein mögen. Ein spät brütender Vogel wird seine kostbaren Eier mit allen ihm zur Verfügung ste-*

*henden Mitteln schützen: selbst wenn er angesichts der Gefahr nur so laut singt, wie er kann.*

*Der Igel hingegen versucht, einen Winterschlaf zu halten, um nicht Zeuge all dieser Schrecken zu werden. Ein Hase, der nicht gerade zu den mutigsten Tieren gehört, hält sich tagsüber zurück, um Ärger zu vermeiden, und kommt nur nachts heraus, um Nahrung zu finden und sich ein wenig zu bewegen. Doch dieses vorsichtige Verhalten schützt diese Tiere nicht unbedingt vor Gefahren. Ein paar Stunden nach Sonnenuntergang geht der Uhu auf die Jagd. Seine orangefarbenen Augen sind scharf, seine langen Krallen bereit, tödlichen Schaden anzurichten. Er beobachtet sein Opfer von einem Ast aus und stürzt sich dann hinunter, packt das todgeweihte Tier mit seinen Krallen und zermalmt es. Der einzige Trost für die Beute ist, dass der Tod meist schnell eintritt. Ist das Opfer erst einmal tot, wird es ganz verschluckt oder in Stücke gerissen und Stück für Stück verzehrt. Und alles, was bleibt, sind die roten Tropfen auf dem ansonsten perfekten Weiß.*

*Verschiedene Jäger wenden unterschiedliche Techniken an, um ihren Lebensunterhalt zu verdienen. Anstatt im Schnee zu wühlen oder geduldig auf einen günstigen Moment zu warten, um vom Himmel aus anzugreifen, vereinen die Wölfe ihre Kräfte und ziehen in Rudeln in die Dörfer, um anfälliges Vieh anzugreifen. Wo Einigkeit herrscht, ist auch Stärke. Und wessen Schuld ist es, dass er einem hungrigen Wolfsrudel zum Opfer fällt, wenn er nicht viel zwischen den Ohren hat und keine Vorsichtsmaßnahmen trifft, um sich zu schützen?*

*Aber kehren wir zurück zu der kalte Bettdecke. Zum Frieden und zur Ruhe. Zum Winter. Das Beste an ihm ist, dass er früher oder später zu Ende geht. Das Eis schmilzt in der Sonne und enthüllt das Leben unter ihm. Und wenn das Weiß, das hier und da rot gefärbt ist, verschwindet, kommt das Schwarz darunter zum Vorschein. Aber es bleibt nicht lange schwarz. Die schlummernden grünen Triebe erwachen, sie spüren die Veränderung in der Luft und sprießen durch die Erde hinaus in die Welt, begierig darauf, die Strahlen der Sonne selbst zu sehen. Wenn die schweren Wolken zurückkehren und zugeben, dass ihre Tage gezählt sind, und ihren Kummer auf die Erde schütten, ist das, was fällt, nicht mehr scharf und eisig. Es ist nahrhaft. Die Regentropfen landen auf dem durstigen Boden, sie bilden Pfützen, in denen die Vögel baden können.*

*Auf seinem Weg nach draußen haucht der Winter ein wenig Frost über seine Schulter, nicht um jemanden zu erschrecken, sondern um ein kleines Abschiedsgeschenk zu hinterlassen. Die Regentropfen, die mitten im Fallen schweben, verwandeln sich in glänzende Diamanten, die die Äste der Bäume schmücken, noch schwarz, aber nur solange, bis die grünen Knospen an ihnen erscheinen und das neue Leben beginnt. Bis zum Frühling. Nicht mehr lange hin.*

# Ich kann nicht glauben, dass du tot bist: Ein Brief.

[keine Adresse]

[kein Datum]

Lieber Wolodja,

da ich nicht glauben kann, dass du tot bist, habe ich beschlossen, dir direkt zu schreiben.

Jedes Mal, wenn ich daran denke, dass du gegangen bist, kann ich es nicht ganz glauben. Ich denke: „Das kann nicht wahr sein. Er ist einfach wieder weg. Er ist irgendwo, wo der Telefonempfang schlecht ist. Viel zu tun. Er hat keine Zeit, sich zu melden." Seien wir ehrlich, du warst nicht gerade gut darin, dich zu melden, als du noch am Leben warst, also macht das alles in meinem Kopf viel mehr Sinn als der Gedanke, dass du tot bist.

Ich habe nie auf den Brief geantwortet, den du mir vor Jahren geschickt hast. Ich schätze ihn sehr und lese ihn regelmäßig, aber ich habe nicht darauf geantwortet, weil ich zum einen nicht wusste, was ich sagen sollte (eine schlechte Ausrede, ich weiß) und zum anderen, weil ich nicht wusste, wohin ich meine Antwort schicken sollte. Du hattest nie eine feste Adresse, wenn du überhaupt eine hattest. Dies soll meine verspätete Antwort sein. Besser spät als nie, oder?

Ich weiß nicht, ob du noch weißt, was du in deinem Brief geschrieben hast, deshalb werde ich ihn hier vollständig zitieren (er ist kurz):

> [keine Adresse]
>
> [kein Datum]
>
> [keine Begrüßung]
>
> Ich schreibe euch [Plural, vermutlich ist die ganze Familie gemeint, nicht nur ich] nur dann per E-Mail oder schicke euch SMS, wenn es mir wirklich schlecht geht, wenn ich

> betrunken bin, nicht ich selbst. Deshalb habt ihr einen (leicht) verzerrten Eindruck von mir.
> Im Allgemeinen kann es sehr gefährlich sein, Menschen aus der Ferne zu beurteilen. Und unsachlich. Ich weiß das aus eigener Erfahrung. Die Menschen in meinem Umfeld, die mich jeden Tag bei der Arbeit und zu Hause sehen, halten mich für völlig normal. Manchmal sogar für noch normaler als die Menschen, die offiziell als normal gelten.
> Was ich damit sagen will, ist, dass nicht alles so schlimm ist. Es könnte viel schlimmer sein mit dem Verstand und mit der Seele. Ich habe es gesehen. Ich weiß es.
> [ein paar Zeilen wurden absichtlich leer gelassen, um einen dramatischen Effekt zu erzielen, nehme ich an].
> Wenn wir an die Existenz des extrem Bösen glauben, und ich gehe davon aus, dass wir daran glauben, dann sollten wir auch die Existenz des anderen Extrems anerkennen.
> Dr. House

Deinem Brief hast du eine Griwna, einen dummen Zeitungsartikel über einen Sexskandal in einem Nachtclub in der ukrainischen Stadt Kolomyja und eine Kopie von zwei deiner Zeichnungen beigelegt.

Deine Zeichnungen lassen mich an William Blake denken. Sie scheinen dieselbe Qual zu zeigen, die darin besteht, die Welt um sich herum zu verstehen und, wenn das nicht gelingt, eine eigene Mythologie zu erfinden, eine andere Welt, eine, die in deinem Kopf einen Sinn ergibt. Ich frage mich, ob du Blakes Arbeit magst. Wahrscheinlich tust du das nicht. Oder wenn doch, dann sagst du das nur, um mich zu ärgern.

Ich bewahre den Brief in seinem goldenen Originalumschlag auf, wie einen der kleinen Schätze, die ich als Kind in einer besonderen Schachtel aufbewahrt habe. Manchmal öffne ich ihn, um seinen Inhalt noch einmal zu lesen, manchmal nur, um deine Handschrift zu betrachten – im Gegensatz zu mir hattest du immer eine so elegante Handschrift – und manchmal, um mich daran zu erinnern, wie „ganz normal“ du warst.

Was ich dir nie gesagt habe, obwohl ich vermute, dass du es schon weißt, ist, dass ich dir auch SMS und E-Mails geschickt habe, wenn ich mich besonders schlecht fühlte. Ich habe vieles von dem, was ich gesagt habe, nicht so gemeint. Ich habe nicht so viel von dem gesagt, was ich sagen wollte.

In den ersten sechs Monaten nach deiner Beerdigung habe ich ständig von dir geträumt. Diese Träume waren beruhigend, tröstlich und sehr lebendig. Der denkwürdigste war dieser: Wir saßen zusammen in einem Bus. Du saßt vor mir und trugst deine Uniform. Ich streckte die Hand aus, um dich zu umarmen, und konnte fast deine Jacke unter meinen Armen spüren. Dann hörten wir eine Gruppe junger Männer auf den Sitzen neben uns, ebenfalls in Uniform, die sich über etwas unterhielten. Ich fragte dich, ob du sie kennst. Du sagtest:

„Oh, diese kleinen, schicken Scheißer! Ja, die schicken mir ständig Nachrichten."

Ich wusste, dass keiner von euch mehr am Leben ist, und war überrascht zu hören, dass ihr miteinander kommunizieren könnt. Ich habe gerade den Mund geöffnet, um zu fragen, ob ich euch auch eine Nachricht schicken kann, aber ihr habt mich unterbrochen und gesagt:

„Denke nicht einmal daran!"

Und dann bin ich aufgewacht.

Meine Mutter hatte einen lustigen Traum von dir: Du hast Kartoffeln geschält und sie hat dich für irgendetwas gescholten. Plötzlich drehst du dich um und fängst an, ihr Lermontov zu rezitieren! Ich konnte nicht aufhören zu lachen, als sie mir ihren Traum erzählte. Ich frage mich, welches Gedicht du ihr aufgesagt hast. Hat Lermontov etwas über Kartoffeln geschrieben?

Das letzte Mal, als ich dich im Traum sah, hattest du deine Uniform nicht an. Mama, Papa, Yura und ich haben dein Grab besucht. Sie sind alle in den Laden gegangen, um Kerzen und Blumen zu kaufen. Aber ich habe bemerkt, dass du am Bahnhof auf uns gewartet hast und bin stehengeblieben, um dich anzusprechen. Ich habe dich in deinem frisch gebügelten Hemd und deiner formellen Hose kaum erkannt. Ich kann mich nicht erinnern, ob du jemals so formelle Kleidung besessen hast. Du schienst ungeduldig zu sein. Du sagtest:

„Ich habe hier auf euch gewartet, um mich zu verabschieden. Sag ihnen, sie sollen sich mit ihren Kerzen und Blumen beeilen. Ich habe nicht viel Zeit. Wir werden verlegt."

Ich habe nicht gefragt, wohin du versetzt wirst oder von wem. Ich wusste irgendwie, was du im Traum meintest, und brauchte es nicht zu erklären.

Es scheint, dass du wirklich versetzt worden bist, denn seitdem habe ich nicht mehr von dir geträumt.

Weißt du, was ich am schwierigsten finde? Nicht zuzulassen, dass meine Trauer den Hass in mir wachsen lässt. Von dem Tag an, als sie uns sagten, dass du tot bist, spürte ich, wie er irgendwo in meiner Brust wuchs, jeden Tag ein bisschen größer wurde, jeden Tag etwas anderes auffraß – Liebe, Vernunft, Mitgefühl – um mehr Platz für sich selbst zu schaffen. Ich fühlte mich ihm gegenüber so machtlos, dass ich beschloss, zur Beichte zu gehen. Das würde ich normalerweise nicht tun, wie du weißt. Du lachst wahrscheinlich, wenn du das liest. Du warst noch nie ein großer Fan von organisierter Religion. Aber ich dachte, wenn „Du sollst deinen Nächsten lieben" das zweitgrößte Gebot ist, dann muss der Hass auf den Nächsten zumindest zu den zehn größten Sünden gehören, und die Priester sollten wissen, wie man sich dagegen wehren kann.

Ich denke nie an die Person, die den Abzug betätigt und deinen Tod verursacht hat. Ich hasse ihn oder sie nicht. So wie ich hoffe, dass einige trauernde Angehörige dich nicht dafür hassen, dass du den Abzug betätigt und vielleicht den Tod ihrer Angehörigen verursacht hast.

Ich hasse die Kriegsherren, die sich Politiker nennen und von Frieden reden. Ich hasse die Feiglinge, die sich Geschäftsleute nennen und mit Waffenhandel Geld verdienen. Ich hasse die Kriminellen, die sich Militärs nennen und sich bereichern, indem sie Schmuggelware über die Frontlinie schmuggeln. Ich hasse die „Patrioten", die hochtrabende Reden halten und ihre Parteifahnen in Menschenblut tauchen, um die Farben leuchtender zu machen. Ich hasse die Medien, die unter dem Deckmantel der „Ausgewogenheit“ die Welt über diesen Krieg anlügen. Ich hasse die internationale Gemeinschaft, zu der ich gehöre, die ihre tiefe Besorgnis zum Ausdruck bringt, um ihr Eigeninteresse und ihre Untätigkeit zu vertuschen.

Ich kniete also nieder, sagte, dass meine letzte Beichte schon viele Jahre her sei, und begann, eine Liste mit all den Menschen zu erstellen, die ich hasste. Der Priester unterbrach schließlich meinen Monolog und sagte:

„Das klingt, als hättest du deinen Bruder wirklich geliebt.“

Ich fand es seltsam, so etwas zu jemandem zu sagen, der gerade über Hass gesprochen hat. Ich sagte:

„Ja, ich habe ihn wirklich geliebt.“

Er sagte dann:

„Sein Tod muss dich nicht davon abhalten, ihn zu lieben. Wenn du dich auf die Liebe konzentrierst, sie in deinem Herzen wachsen lässt, wird sie nicht viel Platz für Hass lassen.

Das habe ich seitdem immer wieder versucht. Meistens funktioniert es.

Wie auch immer, ich sollte aufhören, dich zu stören. Du hast mir im Traum gesagt, ich solle nicht einmal daran denken, mich zu melden. Ich hoffe, du verzeihst mir nur dieses eine Mal. Ich wollte dir wirklich sagen, dass ich nicht glaube, dass du tot bist, und dass ich es in Ordnung finde, weil du lebst. In meinem Herzen, in meinen Gedanken, in meinen Erinnerungen.

Mir fällt kein witziges Zitat ein, mit dem ich enden könnte. Also sage ich einfach: Pass auf dich auf, wo immer du bist.

Alles Liebe.

Für immer Deine

Olesya

# UKRAINIAN VOICES

Collected by Andreas Umland

1 *Mychailo Wynnyckyj*
Ukraine's Maidan, Russia's War
A Chronicle and Analysis of the Revolution of Dignity
With a foreword by Serhii Plokhy
ISBN 978-3-8382-1327-9

2 *Olexander Hryb*
Understanding Contemporary Ukrainian and Russian Nationalism
The Post-Soviet Cossack Revival and Ukraine's National Security
With a foreword by Vitali Vitaliev
ISBN 978-3-8382-1377-4

3 *Marko Bojcun*
Towards a Political Economy of Ukraine
Selected Essays 1990–2015
With a foreword by John-Paul Himka
ISBN 978-3-8382-1368-2

4 *Volodymyr Yermolenko (ed.)*
Ukraine in Histories and Stories
Essays by Ukrainian Intellectuals
With a preface by Peter Pomerantsev
ISBN 978-3-8382-1456-6

5 *Mykola Riabchuk*
At the Fence of Metternich's Garden
Essays on Europe, Ukraine, and Europeanization
ISBN 978-3-8382-1484-9

6 *Marta Dyczok*
Ukraine Calling
A Kaleidoscope from Hromadske Radio 2016–2019
With a foreword by Andriy Kulykov
ISBN 978-3-8382-1472-6

7 *Olexander Scherba*
Ukraine vs. Darkness
Undiplomatic Thoughts
With a foreword by Adrian Karatnycky
ISBN 978-3-8382-1501-3

8 *Olesya Yaremchuk*
Our Others
Stories of Ukrainian Diversity
With a foreword by Ostap Slyvynsky
Translated from the Ukrainian by Zenia Tompkins and Hanna Leliv
ISBN 978-3-8382-1475-7

9 *Nataliya Gumenyuk*
Die verlorene Insel
Geschichten von der besetzten Krim
Mit einem Vorwort von Alice Bota
Aus dem Ukrainischen übersetzt von Johann Zajaczkowski
ISBN 978-3-8382-1499-3

10 *Olena Stiazhkina*
Zero Point Ukraine
Four Essays on World War II
Translated from the Ukrainian by Svitlana Kulinska
ISBN 978-3-8382-1550-1

11 *Oleksii Sinchenko, Dmytro Stus, Leonid Finberg (compilers)*
Ukrainian Dissidents
An Anthology of Texts
ISBN 978-3-8382-1551-8

12 *John-Paul Himka*
Ukrainian Nationalists and the Holocaust
OUN and UPA's Participation in the Destruction of Ukrainian Jewry, 1941–1944
ISBN 978-3-8382-1548-8

13 *Andrey Demartino*
False Mirrors
The Weaponization of Social Media in Russia's Operation to Annex Crimea
With a foreword by Oleksiy Danilov
ISBN 978-3-8382-1533-4

14 *Svitlana Biedarieva (ed.)*
Contemporary Ukrainian and Baltic Art
Political and Social Perspectives, 1991–2021
ISBN 978-3-8382-1526-6

15 *Olesya Khromeychuk*
A Loss
The Story of a Dead Soldier Told by His Sister
With a foreword by Andrey Kurkov
ISBN 978-3-8382-1570-9

16 *Marieluise Beck (Hg.)*
Ukraine verstehen
Auf den Spuren von Terror und Gewalt
Mit einem Vorwort von Dmytro Kuleba
ISBN 978-3-8382-1653-9

17 *Stanislav Aseyev*
Heller Weg
Geschichte eines Konzentrationslagers im Donbass 2017–2019
Aus dem Russischen übersetzt von
Martina Steis und Charis Haska
ISBN 978-3-8382-1620-1

18 *Mykola Davydiuk*
Wie funktioniert Putins Propaganda?
Anmerkungen zum Informationskrieg des Kremls
Aus dem Ukrainischen übersetzt von Christian Weise
ISBN 978-3-8382-1628-7

19 *Olesya Yaremchuk*
Unsere Anderen
Geschichten ukrainischer Vielfalt
Aus dem Ukrainischen übersetzt von Christian Weise
ISBN 978-3-8382-1635-5

20 *Oleksandr Mykhed*
„Dein Blut wird die Kohle tränken“
Über die Ostukraine
Aus dem Ukrainischen übersetzt von Simon Muschick
und Dario Planert
ISBN 978-3-8382-1648-5

21 *Vakhtang Kipiani (Hg.)*
Der Zweite Weltkrieg in der Ukraine
Geschichte und Lebensgeschichten
Aus dem Ukrainischen übersetzt von Margarita Grinko
ISBN 978-3-8382-1622-5

22 *Vakhtang Kipiani (ed.)*
World War II, Uncontrived and Unredacted
Testimonies from Ukraine
Translated from the Ukrainian by Zenia Tompkins and Daisy Gibbons
ISBN 978-3-8382-1621-8

23 *Dmytro Stus*
Vasyl Stus
Life in Creativity
Translated from the Ukrainian by Ludmila Bachurina
ISBN 978-3-8382-1631-7

24 *Vitalii Ogiienko (ed.)*
The Holodomor and the Origins of the Soviet Man
Reading the Testimony of Anastasia Lysyvets
With forewords by Natalka Bilotserkivets and Serhy Yekelchyk
Translated from the Ukrainian by Alla Parkhomenko and Alexander J. Motyl
ISBN 978-3-8382-1616-4

25 *Vladislav Davidzon*
Jewish-Ukrainian Relations and the Birth of a Political Nation
Selected Writings 2013-2021
With a foreword by Bernard-Henri Lévy
ISBN 978-3-8382-1509-9

26 *Serhy Yekelchyk*
The Ukrainian Historical Profession in Independent Ukraine and the Diaspora
ISBN 978-3-8382-1695-9

27 *Ildi Eperjesi, Oleksandr Kachura*
Shreds of War
Fates from the Donbas Frontline 2014-2019
With a foreword by Olexiy Haran
ISBN 978-3-8382-1680-5

28 *Oleksandr Melnyk*
World War II as an Identity Project
Historicism, Legitimacy Contests, and the (Re-)Construction of Political Communities in Ukraine, 1939–1946
ISBN 978-3-8382-1704-8

29 *Olesya Khromeychuk*
Ein Verlust
Die Geschichte eines gefallenen ukrainischen Soldaten, erzählt von seiner Schwester
Mit einem Vorwort von Andrej Kurkow
Aus dem Englischen übersetzt von Lily Sophie
ISBN 978-3-8382-1770-3

***ibidem**.eu*